KB057636

한국을
다시
묻다

한국을 다시 묻다

한국적 정신과 문화의 심층

이찬수 최준식 황종원 신현승 지음

한국을 다시 묻다

등록 1994.7.1 제1-1071
1쇄 발행 2016년 7월 31일
2쇄 발행 2016년 12월 31일
3쇄 발행 2018년 4월 15일

기   획   겨레얼살리기국민운동본부
지은이   이찬수 최준식 황종원 신현승
펴낸이   박길수
편집인   소경희
편   집   조영준
관   리   위현정
디자인   이주향
펴낸곳   도서출판 모시는사람들
          03147 서울시 종로구 삼일대로 457(경운동 수운회관) 1207호
전   화   02-735-7173, 02-737-7173 / 팩스 02-730-7173
홈페이지   http://www.mosinsaram.com/

인   쇄   천일문화사(031-955-8100)
배   본   문화유통북스(031-937-6100)

값은 뒤표지에 있습니다.
ISBN 979-11-86502-57-0   03150

이 도서의 국립중앙도서관 출판예정도서목록(CIP)은 서지정보유통지원시스템 홈페이지(http://
seoji.nl.go.kr)와 국가자료공동목록시스템(http://www.nl.go.kr/kolisnet)에서 이용하실 수 있습
니다.(CIP제어번호: 2016015342)

과연 한국적 정신이라 할 만한 것은 있을까. 한반도에 살아오던 이들에게 오늘까지 적어도 천 년 이상 면면히 이어져 오는 특징 같은 것이 있을까. 이 책은 그럴 만한 것이 있다고 보고, 네 명의 저자가 서로 공감할 만한 내용을 토론하고 합의한 뒤, 그것을 가능한 객관적이고 평이하게 정리한 것이다.

과거 정권이 국민 통합이라는 정치적 목적으로 '한국적'이라는 말을 주입식으로 교육해 온 부작용 탓에, 종종 '한국적'이라는 말에 저항감이나 반발심이 발동하기도 하지만, '한국적'인 것이 무엇인지 설득력 있게 말하지 못하는 것도 자랑스러운 일은 아니다. 실제로 한국인은 대체로 이런 사람이라고, 이런 역사와 문화를 공유해 왔다고 설명하지 못하는 한국인이 적지 않다.

한반도에 터전을 마련한 이들이 어떤 흐름과 방식에 따라 살아왔는지 그 성격을 정리해 두는 작업은 긴요하고 필수적이다. 이러한 현실을 염두에 두고 이 책에서는 과연 한국적 정신이라 할 만한 것은 있는지, 있다면 무엇이고, 시대적 흐름 속에서 어떤 식으로 전개되었는지, 그 정신의 발현 상태로서의 한국 문화는 어떻게 작동해 왔고 어떠

한 양상을 띠어 왔는지 등을 담아 보고자 한다. '한류'라는 말이 일상화되는 마당에, 그 '한'에 담긴 역사적이고 문화적인 심층을 이해하는 작업이야말로 특히 한국 인문학의 기초가 아니겠는가.

본래 이 책은 '겨레얼'에 대해 정리해 달라는 〈겨레얼살리기운동본부〉의 요청을 받아 네 사람의 연구자가 토론하고 합의한 내용을 가능한 대중적인 언어로 다시 보완한 것이다. 한국 사회에서 일반적인 식견을 가진 이라면 누구나 읽을 수 있는 내용과 문체로, 단순히 고대 역사를 다룬 역사서가 되지 않도록, 그리고 지나친 한자 투의 언어나 전문어를 피하면서 분석하고 정리했다. 그러면서도 학문적 깊이와 넓이도 견지하고자 했다. 이를 위해 최준식의 1차 글에 이찬수가 자신의 관점을 덧붙이며 확장해 2차 글을 만들고, 신현승과 황종원이 다시 각자의 관점을 덧붙여 확대한 3차 글을, 이찬수가 다시 보완 및 재정리하는 방식으로 만들었다. 명실공히 네 사람의 공동 작품이라 할 만하다.

최근 '겨레' 혹은 '얼'과 같은 언어가 다소 구태의연하게 여겨지는 경향이 있다. 그렇다고 해서 그 의미조차 반감되는 것은 아니다. 설령 겨레라는 말은 쓰지 않더라도, 민족이니 정신이니 한국 문화니 하는 말들을 얼마나 많이 사용하는가. 이런 언어들은 한국인이 어떤 사람인가 생각할 때 피해갈 수 없는 근본적 열쇠말이 아닐 수 없다. 한국인의 정신 · 민족 · 문화 · 얼 등을 대변할 수 있도록 역사적 흐름을 따라가면서 이 열쇠말과 관련된 의미들을 하나씩 풀어 가고자 한다.

2016년 6월

이찬수

한국을 다시 묻다

머리말 —— 5

01.

한국의 정신,
겨레얼은 무엇인가?

한국적 정신

우리말 '겨레얼'을 일반적인 언어로 바꾸면 '한국적 정신'이고, 다른 한자식 표현으로 하면 '민족정신' 혹은 '민족혼'에 가까워진다. 영어로 표현하면 Korean Spirit이라 할 수 있다. '한국적 영성(Korean Spirituality)'이라는, 다소 종교적인 표현으로 번역할 수도 있다. 한마디로 한국인을 한국인 되게 해 주는 근원적 정신이라고 할 수 있다. 어떻게 표현하든, 이러한 용어들은 한국인이 유사 이래 다른 것을 수용하고 창조적으로 종합해 온 원초적 능력에 붙여진 이름들이다.

한국인은 오랫동안 이러한 능력을 가지고 이질성과 다양성을 흡수하고 소화하는 정신으로 새로운 문화를 창조해 왔다. 겨레얼이든 한국적 정신이든, 민족의식이든, 이런 언어들은 한국인이 유사 이래 온갖 난관을 헤쳐 오고 다양성을 수용하면서 새로운 문화를 창조해 온 심층적 생명력에 붙여진 다른 이름들이다. 하지만 그러한 정신이나 능력의 내용을 구체적이고 세부적으로 밝히는 것은 또 다른 문제다. 가령 '겨레얼'도 한국인 모두가 합의하는 공통의 개념이 확정되어 있는 것도 아니다. 한국인이 겨레얼이라는 말을 하거나 들을 때 자신들은 무언가 선험적인 가치와 공통성을 유사 이래 공유해 왔다는 생각을 가질 수는 있지만, 정작 그 선험적 가치와 공통성을 구체적으로 밝히기는 힘들다는 말이다. 겨레얼이라 불릴 만한 정신과 가치를 끝없이 회복하고 유지해 나가야 한다는 생각은 옳지만, 그 정신과 내용이 구체적으로 무엇인지 상세하게 밝히기는 쉽지 않다.

겨레얼과 민족성

그것은 무엇보다 우리의 옛 문헌이 대부분 한문으로 되어 있어서 '겨레', '얼'이라는 순우리말이 언제부터 어떤 의미로 사용되어 왔는지 따져 보기가 대단히 힘들기 때문이다. 게다가 오늘날 '겨레'라는 말을 사용할 때 한국인은 자기도 모르는 사이에 '민족'이라는 근대 언어의 연장선에서 사용하는 경향도 있다. 설령 '겨레' 또는 '얼'이라는 말이 오래되었다고 하더라도, 그 내용의 전승 과정에 중국과 일본 등에서 영향을 받으며 형성된 족(族)·민족·정신 등의 한자어 개념과 뒤섞이다 보니, 본래의 순수한 의미를 밝히기는 쉽지 않다. 겨레든 겨레얼이든, 겨레라는 말의 의미는 생각보다 근대적 현상이고 어느 정도 해석학적일 수밖에 없다는 뜻이다. 겨레라는 말의 이해는 근대적 한자어인 민족에 담긴 개념을 통해, 그리고 그 민족에 대한 자기식 해석을 거칠 수밖에 없기에, 족(族) 혹은 민족(民族)이라는 말이 언제부터 사용되었는지 알아보는 작업부터 시작하지 않을 수 없다.

아울러 민족 개념에 이어서 한국 문화의 변화 양상과 그 변화를 가능하게 해 주는 심층 구조를 살펴보는 작업도 겨레얼 연구에 꼭 필요한 과정이다. 한국 문화야말로 겨레얼의 산물, 즉 한국 민족의 정신이 산출했거나 관여하면서 형성된 작품이기 때문이다. 이 책에서는 한국의 문화를 낳은 근원, 한국 문화의 심층적 근거 내지 구조도 살피고자 한다. 겨레얼의 고대적 표현 방식을 느끼게 해줄 만한 '신화'(특히 단군신화)의 내용과 의미도 알아볼 것이다. 이러한 작업들은 모두 겨레라고 하는 다소 추상적인 개념에 현대인의 정서에 어울리는 구체적 살을 입히는 작업이 될 것이다.

풍류, 신명, 정한

겨레얼의 구체적 내용을 대신할 만한 가장 오랜 언어는, 신라의 탁월한 학자였던 최치원의 표현을 빌려, '포함삼교(包含三敎)'와 '접화군생(接化群生)'으로 대변되는 '풍류(風流)' 정신이라고 할 수 있다. 그리고 여기에 단군신화에 등장하는 '홍익인간(弘益人間)'의 자세까지 덧붙이면, 간단하지만 비교적 분명하게 겨레얼의 옛 의미를 알 수 있다. 이 가운데 우리 주제와 관련하여 좀 더 중요한 것은 포함삼교의 정신과 접화군생의 자세이다.

포함삼교와 접화군생은 한국인이 오랫동안 다양성[三敎]을 화학적으로 융합하고[包含] 조화하면서[接化] 당대의 한국 문화를 꽃피웠다[群生]는 사실을 함축적으로 담고 있다. 불교의 수용도 그 정신 덕분에 가능했으며, 그런 정신 위에서 수용된 불교는 다양성을 수용하고 조화시키는 한국적인 불교로 변용되었다는 것이다. 신라 때의 화랑 제도는 겨레얼이 정치·사회·문화적으로 맺은 결실이라고 할 수 있다. 겨레얼의 내용이라 할 수 있을 '풍류'는 다른 말로 '신명(神明)' 혹은 '신기(神氣)'라고 번역할 수도 있다. 한국인에게 가장 오랫동안 전승되어 온 원형적인 정서가 있다면, '신명'이 가장 가깝다. '신명'은 오랫동안 다양성을 포용하고 소화한 한국적 정서의 근간에 해당한다. 따라서 신명이 겨레얼의 핵심 내용이 된다. 그리고 그 신명을 오늘날까지 가장 잘 반영하고 전승한 종교 형태는 무속(巫俗)이다. 수백 년 이상 사회적으로 천대를 받았음에도 불구하고 오늘날 무당의 숫자가 어림잡아 20만~30만 명이 된다는 연구 결과가 그것을 잘 말해 준다. 무속이 한국적 신명을 전승해 왔다는 증거라고 할 수 있다.

이러한 신명은 민족적 위기 상황에서는 역동적 저항의 정신으로 나타나기도 하고, 거대한 힘의 장벽 앞에서는 정한(情恨)의 정서로 변용되기도 한다. 어쩔 수 없는 운명이라며 수용하거나 체념하는 행태와 정서로서의 정한은 겨레얼의 또 다른 모습이다.

민족의식과 선비정신

신명은 감성의 영역이다. 이 감성의 영역을 흩어 놓지 않고 묶어 주는 수단 중의 하나가 언어이다. 민족 혹은 겨레를 언급할 때 중요한 요소는 민족 혹은 겨레 의식을 공유하는 공동체인데, 그 공동체가 가능하려면 언어적 공통성이 뒷받침되어야 한다. 그런 점에서 겨레얼을 가능하게 해 주는 최고의 수단은 우리말 또는 한글이다. 이른바 한국의 겨레얼 혹은 민족의식은 우리말 또는 한글을 공유하면서 강화되어 왔다는 뜻이다. 따라서 이 책에서는 한글의 의미와 중요성도 언급할 것이다.

겨레얼이 유교를 수용하고 유교와 만나면서 한국적으로 문화화한 정신 중의 하나가 선비정신이다. 선비정신은 동일한 유교 위에서 형성된 중국의 문사(文士)나, 중국에서 유교를 수용한 뒤 문화화한 일본의 사무라이 정신과는 상이하다. 선비정신으로 구현된 겨레얼은 조선 후기 국가적 위기 상황 속에서는 강한 민족의식으로 이어져 위정척사 운동이나 상소운동 등으로 나타났고, 일제시대에는 민중 계몽의 근간이자 일본에 대한 저항 및 한국 문화의 형성을 위한 조선학 운동의 뿌리가 되기도 했다. 그 기초에 놓여 있는 정신이 겨레얼인 것이다.

민족종교에서 붉은 악마까지

　　겨레얼은 다양성을 포함하는 정신이다. 나아가 통합하는 정신이기도 하다. 이 정신은 조선 후기 및 근대에 들어 서학 및 그리스도교의 수용으로 나타나기도 했다. 서양의 문명이 수입되는 과정에 갈등도 있었지만, 결국 겨레얼은 서양의 문물을 받아들이는 근간으로 작용했고, 그러한 수용 양상은 여전히 진행 중이다. 수용하며 조화를 이루어 사회적 통합의 근간으로 작용하고 있는 것이다.

　　조선 후기 집중적으로 등장한 이른바 민족종교는 겨레얼의 종교적 변용들이다. 동학/천도교, 증산교, 원불교, 대종교 등은 겨레얼 내지 민족의식이 결정적으로 구체화된 것들이다. 포함삼교의 풍류 정신 및 홍익인간의 자세가 민족종교라는 형태로 나타난 것이다. 나아가 2002년 월드컵 응원 열기와 한류현상에서 확인할 수 있듯이, 겨레얼은 다양한 대중문화의 형태로 오늘날에도 여전히 살아 있다. 한국의 대중문화에는 신명이 있다. 그 신명은 잠재되어 있던 무언의 공감대를 다시 불러일으켜 한국인으로서의 정체성과 활력을 제공한다. 이 책에서는 이러한 사실을 밝히는 작업을 시도할 것이다. 포함삼교의 풍류 정신, 정한의 정서, 한글에 담긴 독창성과 민중성, 선비정신, 조선학과 민족주의, 민족종교에 공통적으로 들어 있는 수용적이고 통합적인 자세, 그리고 서학과 기독교의 수용, 2002년 한일 월드컵의 응원 문화, 한류 등에서도 겨레얼의 흔적과 자취를 확인해 보려는 것이다.

02.

겨레와 민족이라는
최신 언어

주체와 능력

〈한겨레신문〉에도 '겨레'라는 말이 들어 있듯이, 한국인들은 '겨레'를 많이 찾는다. 겨레는 한자어 민족(民族)에 대응하는 우리말이며, 순우리말이기에 '민족'보다 살갑게 느껴진다. 무언가 피를 나눈 사이 같다는 느낌이 들어 더 그렇다.

한국인은 정신적인 것을 뜻하는 '얼'도 강조한다. 이때 '얼'은 막연하게 '정신'을 뜻한다기보다 그 정신의 중심 혹은 핵심에 해당하는 그 무엇으로 지칭하는 경향이 있다. '얼을 살리자', '얼을 계승하자', '얼이 나갔다'와 같은 표현에서 알 수 있듯이, 우리말 '얼'은 정신의 줏대를 뜻한다. '정신'이 인간의 전반적인 의식 작용을 뜻하는 상당히 포괄적인 개념이라면, '얼'은 그 정신에 향방을 제시하는 이정표라고 보면 된다.

그렇지만 '겨레'라는 말도, '얼'이라는 말도, 생각하면 할수록 간단히 규정하기 힘든 어휘들일 뿐만 아니라, 사전적으로 명료하게 정의한다고 해도 오늘 우리에게 그 역사적 입체감이 느껴지지 않는다. 게다가

대한매일신보 ●─────────

1904년에 창간되었던 일간신문. 발행 초기 영국인 발행인 베델의 치외법권을 이용하여 일제의 검열을 피하면서 민족주의적 정서를 많이 대변하였다.(출처: 문화재청)

과거에 겨레얼이라는 말이 있었는지도 확인하기 힘들다. 설령 있었다고 해도 그 내용이 오늘날과 같은 의미로 사용되었는지도 알 수 없다. '겨레'든 '얼'이든 순우리말이라는 이유로 대단히 오래된 언어 같고, 다 아는 개념 같지만, 우리말 표기가 20세기 들어서야 대중화했다는 점에서 '겨레'라는 말은 그리 오래된 언어는 아닐 가능성이 크다.

게다가 '겨레얼'이라는 말을 쓰는 한국인에게 무언가 선험적인 가치와 불변의 정서가 옛부터 공유되고 있다는 생각을 하기 쉽지만, 그것도 구체적으로 확인하기는 힘들다. 무언가 오랫동안 공유되어 온다고 해도 그 가치와 정서가 구체적으로 무엇인지 규정하기 쉽지 않다. 겨레얼에 해당하는 불변의 본질이 있는 것처럼 접근하는 경향이 있지만, 불변의 본질이라는 것은 그저 언어적 규정 안에서만 존재할 뿐이다. 겨레얼에 해당하는 것이 유구한 역사 속에서 한국인 모두에게 변함없이 이어지고 있다는 생각은 구체적으로 확인하기 힘들 뿐만 아니라 현대적 이해 없이 옛 개념을 이해하기도 쉽지 않다는 말이다.

가령 '겨레'를 '같은 핏줄을 이어받은 민족'(표준국어대사전)이라 정의한다면, 이것은 겨레를 이해하기 위해서라도 근대적 신조어인 민족 개념을 먼저 알아보아야 한다는 뜻이다. 겨레에 대한 현대 한국인의 이해 자체가 시대적 제약 속에 있기 때문이다. 겨레를 설명하려면 민족이라는 근대적이고 대중적인 언어를 가져올 수밖에 없는 것이다.

가령 〈겨레얼살리기국민운동본부〉가 주관한 연구 결과물들에서도 "겨레는 같은 혈통을 이어받고 공통된 말을 사용하면서 공동의 역사와 문화 속에서 살아오는 가운데, 이것을 바탕으로 하여 '우리'라는 공동체 의식이 형성되어 있는 집단을 의미한다"고 정의한다. 그런데 문제는 위 정의 속에 들어 있는 '같은 혈통', '공통된 말', '공동의 역사와 문화'라는 말이 어느 시점까지 거슬러 올라가 적용될 수 있는 것인지 입증하기 힘들다는 데 있다. 특히 '우리라는 공동체 의식' 역시 언제부터 누가 얼마나 가지고 있었는지도 확인하기 어렵다.

"아무리 핏줄과 말이 같고 문화와 역사를 함께한다고 할지라도 실제로 우리가 공동 운명을 가지고 함께 살아가는 존재임을 자각할 수 있는 겨레 의식을 가지지 못한다면, 그것은 참다운 뜻에서 겨레라고 말하기 어렵다"는 수식 문장을 달고 있지만, 한국인이 '공동 운명을 가지고 함께 살아가는 존재임을 자각할 수 있는 겨레 의식'을 언제부터 지녔는지 확인하는 작업은 간단하지 않다.

'겨레'에 해당하는 한자 '족(族)' 혹은 그보다 나아간 개념인 '민족'에 대한 그동안의 연구 결과에 따르면, '민족의식'이라는 것도 빨라야 조선 후기에 이르러서야 사용된 개념이다. 특히 수직적 신분사회였던 당시에 위로부터 주어진 어쩔 수 없는 의식이 아니라, 아래로부터 발생한 자발적 의식이라야 겨레 혹은 민족이 성립되는 것이라는 점에서, '겨레'나 '겨레얼'은 일반적인 선입견보다 그리 오래된 언어와 정서가 아니다. 오늘날 생각하는 겨레얼이 마치 유사 이래 한국인 모두에게 들어 있던 의식인 양 간주하는 것은 지극히 섣부르다는 뜻이다.

그래서 이 책에서는 겨레나 겨레얼을 중시하기는 하되, 그에 해당하는 어떤 '불변의' 본질적인 것이 있다는 식의 본질주의적 입장을 피하고자 한다. 얼의 다양한 정의들이 있지만, 가장 간단한 사전적 정의는 '정신의 줏대'라는 것이다. 이때 정신의 줏대라는 정의가 설득력을 얻으려면, 정신의 의미와 줏대의 내용을 입체적으로 파악해야 한다. 이를 위해 한국인의 오랜 역사적 변천 과정 속에 가능한 한 두루 그리고 일관되게 흐르고 있다고 생각되는 부분의 진지한 검토가 요구된다.

이러한 사실을 염두에 두고서 이 책에서는 한국인이 이제까지 이질성과 다양성을 흡수하고 소화하며 국난을 극복하는 가운데 새로운 문화를 창조해 왔다는 사실을 중시하고 긍정하고자 한다. 그러면서 오랜 역사 동안 그러한 창조를 이루어 온 '주체'와 원천적 '능력'에 '겨레'와 '얼'이라는 용어를 붙이기로 한다. 그 주체와 능력의 성격과 내용을 상세하게 규정하는 일은 간단하지 않지만, 그러한 능력이 있기에 한국인이 지금까지 외래 사상을 수용하고 위기를 극복하며 다양한 문화를 산출해 왔다는 사실은 분명하기 때문이다.

불변의 본질을 넘어

한마디로 '겨레얼'은 유사 이래 이 땅에서 현재의 우리와 긴밀한 관계를 맺어왔던 선조들부터 오늘날의 한국인에 이르기까지 난관을 헤쳐 오고 다양성을 수용하면서 새로운 문화를 창조해 온 심층적 생명력에 붙여진 다른 이름이다. 현대적인 언어로 번역하면 '한국적 정신'이라 할 만한 단어이다.

한국인은 생명력 혹은 능력 안에서 다양한 변화를 겪으며 존속해 왔다. 하지만 그 생명력 혹은 능력이라는 것이 오랜 역사에 걸쳐 전혀 변하지 않은 채 동일하게 지속되었다고 단언할 수는 없다. 그런 전제 하에 진행되는 연구 결과물들도 많지만, 이 책에서는 동일한 어떤 본질이 지속되었다는 식의 접근은 피하고자 한다. 그 이유는 몇 가지로 정리해 볼 수 있다.

첫째, 무엇보다 '겨레'라고 하는 순우리말을 문헌적으로 확인하기 힘들다. 고전 문헌은 대부분 한자로 되어 있는 데다가, '겨레'에 해당한다고 할 수 있는 한자어 '족(族)' 자체가 시대별로 다른 의미를 지니고 있어서 시대를 관통하는 일관된 개념을 확인하기도 어렵다. 설령 고전 문헌을 연구해 한국인 특유의 정신 내지 정서라는 것을 정리해 낸다고 해도 그것이 오늘날 얘기하는 겨레얼과 같은지 다른지, 다르면 얼마나 다른지 그 관계를 규정하기도 쉽지 않다. 하나의 개념이라는 것은 시대와 사회별로 다른 의미를 지니고서 전승되기 마련이어서, 전체 역사를 관통하는 불변의 본질 같은 것을 찾아낸다는 것은 애당초 불가능한 시도이기도 하다. 한국인이 겨레라는 말 자체를 오랫동안 사용해 왔다고 해도 그 말과 개념이 전승되는 과정 역시 어느 정도 해석학적일 수밖에 없다는 뜻이다.

둘째, 한국어를 쓰는 이가 '겨레'를 이해하려면 어쩔 수 없이 '민족'

에 담긴 개념을 통해, 그리고 '민족'의 현대적 해석을 거쳐서 상상하고 이해할 수밖에 없다는 사실도 중요하다. 오늘날 겨레라는 말을 사용할 때 한국인은 자기도 모르는 사이에 민족이라는 근대 언어의 연장선에서 사용하는 경향이 있는 것이다. '겨레는 같은 핏줄을 이어받은 민족'이라는 사전적 정의가 그것을 잘 나타내 준다. 겨레의 개념을 이해하고자 할 때 빠뜨리면 안 되는 것은 민족(民族, nation) 개념인 것이다. 겨레와 민족의 관계를 좀 더 구체적으로 알아보도록 하자.

겨레와 민족

우리말 '겨레얼'을 한자식 표현으로 번역하면 '민족의 식' 혹은 '한국적 정신'이 된다. 이 가운데 한국적 정신을 영어식으로 표현하면 Korean Spirit이 된다. 영어식 표현을 우리말로 재번역하면 '한국적 영성(Korean Spirituality)'쯤 된다고도 할 수 있다.

겨레얼의 이러한 의미에도 불구하고 겨레얼이 순우리말이다 보니, 한국인이 겨레얼이라는 말을 듣는 순간 대단히 오래된 언어인 것 같은 느낌이 든다. 하지만 실제로 얼마나 오래된 말인지 확인하기는 힘들다. 옛 기록은 대부분 한자로 되어 있기 때문이다. 게다가 과거 문헌에 겨레에 해당하는 한자어 '族'이 등장한다고 해서 그것을 오늘날 겨레와 동일시할 수도 없다. 오늘날 사용되는 겨레라는 말은 사실상 근대식 한자어 '민족'의 개념의 연장선에 있는데, 그 민족 개념이 서구에서 수입되고 일본을 통해 번역된 언어이기 때문이다. 민족이라는 말이 없이는 겨레라는 말을 이해할 수 없는 상황인 것이다.

실제로 '겨레'를 '같은 핏줄을 이어받은 민족'이라고 하는 『표준국어대사전』의 정의조차 겨레를 설명하면서 민족이라는 더 대중적인 언어에 의존하고 있는 실정이다. 현대 한국인의 다수는 '겨레'라는 말보다는 '민족'이라는 말을 더 자연스럽게 이해하고 있다는 뜻이다. 그렇다면 민족이란 무엇인가.

'민족'(民族)이 한자어이긴 하지만, 그 용어도 그리 오래되지는 않았다. '민족'이라는 용어는 근대에 생겨난 신조어이다. 그런 신조어가 필요했다는 말은 서양에 문호를 개방하면서 서양식 민족, 즉 'nation'에 대응하는 우리말이 필요했다는 뜻이다. 'nation'에 대응하는 민족은 언제부터 어떻게 어떤 의미로 사용되고 있는 것일까?

사전적으로 '민족'이란 '동일한 지역, 언어, 생활양식, 심리적 습관, 문화, 역사 등을 갖는 인간 집단'을 말한다. 사실 이것은 영어 nation에 대해 서구 학자들이 정의한 것을 집약해 놓은 내용과 다를 바 없다. 가령 한글학자 김수업이 겨레를 '한곳에 오래 살면서 같은 말과 삶으로 이루어진 동아리'로 정의했는데, 한글학자의 해설인 탓에 순 우리말로 되어 있을 뿐, 내용은 '민족'에 대한 정의와 거의 같다. 한글학자조차 겨레를 민족의 개념으로 이해할 수밖에 없는 상황인 것이다.

이때 '민족' 개념에서 중요한 것은 동일한 지역에서 동일한 언어, 문화, 역사를 가지고 동일한 생활양식과 심리적 습관을 가지고 살고 있다는 '공통의 의식'이다. 동일한 지역에서 동일한 언어, 문화, 역사를 공유하며 동일한 생활습관을 가지는 사람들이라는 자의식이 중요하다. 민족은 민족 구성원 자신들이 동일 언어, 문화, 역사를 가지고 동일한 생활 습관을 지니고 살고 있다는 생각 혹은 의식 때문에 이루어진다는 것이다. 그것이 이른바 '민족의식'이다. 민족의식이 없는 민족은 없다는 뜻이다.

같은 말을 쓰면서 동일한 생활양식을 가지고 산다는 공동체 의식이 없다면 혈족이나 부족은 될 수 있지만, 민족이라고까지는 할 수 없다. 이것이 민족을 연구하는 학자들의 기본 입장이다. 겨레가 겨레 의식을 기반으로 형성된다는 정의도 마찬가지이다. 겨레의 정의 역시 사실은 민족의 정의를 순우리말로 풀어놓은 것에 지나지 않는다는 뜻이다. 그 겨레 의식을 더욱 강조한 언어가 겨레얼이다. 겨레는 우연히 형성된 것이 아니라 겨레의 '얼'로 인해 형성되었다는 뜻이다. 민족의식 없는 민족이 불가능하듯이, 겨레얼 없는 겨레도 불가능하다.

나아가 겨레의 얼을 말할 때 거의 무의식중에 전제되어 있는 것이 일종의 '겨레 중심주의'이다. 겨레라는 말 자체가 한국적 전통 혹은 우리 고유의 것에 대한 의식 속에서 태동되고 강화되어 온 언어라는 점에서 그렇다. 우리 겨레를 중심으로 세계를 보려는 자세와 그래야 한다는 주장 속에는 이른바 민족주의적 자세와 비슷한 것이 들어 있다. 이것은 우리말 사전에서 민족주의를 '민족의식을 제일의적(第一義的)으로 하여 민족 생활의 확립과 발전을 정치적, 문화적 최고 목표로 하는 주의'라고 정의하는 것과 통한다. 거레얼이라는 말 자체가 필연적으로 겨레 의식 혹은 민족의식과 연결되어 있는 것이다. 민족을 먼저 살펴보아야 하는 이유가 여기 있는 것이다. 그렇다면 민족은 언제 어떻게 이루어진 것일까. 민족 내지 민족의식이라는 개념의 성립과 구체적 전개 상황을 먼저 살펴보겠다.

민족과 민족의식

민족의 의미를 풀어서 다시 정의해 보면, 특정한 시기와 장소를 공유하는 사람들이 서로 비슷한 경험을 하면서 구성하고 의미화한 역사적 공동체라고 할 수 있다. 물론 혈족, 부족, 종족과는 다르다. 민족을 유전, 인종적 요소나 세습적 유산을 기본으로 지속되는 종족 공동체로 보는 협의의 견해도 있지만, 그렇더라도 그 공동체를 민족으로 묶어 주는 공동체 '의식'이 없다면 민족은 형성되지 않는다. 민족의 구성 요소에 혈연성과 같은 선천적이거나 유전적인 요소를 무시할 수는 없지만, 그러한 요소들을 실제로 민족의 구성 요소로 받아들이게 해 주는, 그래서 민족주의라고 하는 운동을 만들어 내는 근간에는 민족의식이 있으며, 그 민족의식에는 사회성 · 정치성 · 역사성·시대성 등이 반영되어 있는 것이다.

프랑스의 언어학자이자 종교철학자인 르낭(Ernest Renan, 1823-1892)에 따르면, 민족은 인종·언어·종교·역사·지리(국경선) 등 선천적인 요인이 아닌, 함께 살려는 이들의 선택이나 희망에 따라 구성되는 것이다. 일본의 정치사상가 마루야마 마사오(丸山眞男, 1914-1996)도 르낭의 입장에 동의하면서, 근대 민족주의는 고도의 자발성과 주체성을 동반한다고 말한다. 민족은 동시대를 함께 살고 있는 이들과 함께하겠다는 의지 내지 희망의 구성물이라는 뜻이다. 이러한 점은 이제는 민족주의 관련 분야의 고전이 되어 버린 베네딕트 앤더슨(Benedict Anderson)의 『상상의 공동체』(Imagined Communities)에서 비교적 체계적으로 규명되고 있다.

이 책의 핵심인즉, 서양에서의 민족이란 왕조 국가가 후퇴하고 자본주의가 발달하는 시기에 생겨난 특정한 문화적 조형물이라는 것이다. 특히 사람들이 동일한 달력을 보고 시계를 차게 되면서 자신들은 같은 시대에 같은 경험을 하며 살고 있다고 생각을 했고, 그러면서 그러한 생각의 외부에 있는 사람들과 자신들을 구분 짓기 시작했다는 것이다. 여기에다가 인쇄술이 발달하면서 소설이나 신문 같은 동시대적인 읽을거리들이 생겨나게 되자, 같은 시계와 달력을 걸어 놓고 같은 신문이나 소설을 읽으면서 동일한 경험을 공유한다고 상상되는 어떤 공동체가 생겨나기 시작했는데 그것이 '민족'이라는 것이다. '민족'은 특정 시공간을 배경으로 하는 사람들의 경험을 통해 구성되고 의미화한 역사적 공동체이다. 공동의 경험을 하는 이들의 공동체 의식이 민족을 형성시켰다는 뜻이다.

일본의 사회학자 와카바야시 미키오(若林幹夫)도 이러한 민족 이론에 동의하면서 여기에다가 중요한 한 가지를 덧붙인다. 그것은 바로 '지도'이다. 민족은 특정하게 구획된 지도를 보며 그 지도적 지형 안에 사는 이들에게 공통적으로 붙여진 이름이라는 것이다. 예컨대 한국인은 독도를 한국의 영토로 표시한 지도를 보면서, 일본인은 북방네 개 섬을 일본 영토로 표시한 지도를 보면서, 그 지도를 공유하는이들을 중심으로 강화되어 온 의식이 일종의 민족의식이다. 그런데이것은 통치 영역 내지 국경선이 뚜렷하지 않았던 150여 년 전만 해도 그리 부각되지 않던 현상이라는 점에서 민족 내지 민족의식이 근대에 와서 강화된 개념인 것이 분명해 보인다. 지도가 주는 공동적 공간 의식이 그 안에 사는 이로 하여금 이념적 동질성을 갖게 해주며, 그것이 근대 민족국가를 탄생시키는 데 일조했다는 것이다.

한국 학자들의 민족 규정도 전반적으로 이와 다르지 않다. 가령 사회학자 신용하는 민족을 '인간이 언어 · 지역 · 혈연 · 문화 · 정치 · 경제 · 생활 · 역사의 공동에 의하여 공고히 결합되고 그 기초 위에서 민족의식이 형성됨으로써 더욱 공고하게 결합된, 역사적으로 형성된 인간 공동체'라고 규정한다. 여러 가지로 상세하게 설명하고 있지만, 언어 · 지역 · 혈연 · 문화 · 정치 · 경제 · 역사를 공유한다는 '의식'이 민족의 중요한 구성요소라고 본다는 점에서는 서구 학자들의 견해와 같다. 여기서 '한 민족이 자기 민족의 자유와 독립과 통일과 발전을 추구하는 이데올로기'라는 민족주의에 대한 정의도 등장한다. 종교사회학자 막스 베버(Max Weber, 1864-1920)는 민족의식을 '민족이 다른 집단과 직면했을 때 갖는 특수한 연대 감정(a specific sentiment of solidarity)'으로 규정한다.

민족의식의 한국적 전개

그렇다면 한국에서 민족의식 내지 민족주의는 어떻게 전개되어 왔을까? 앞에서 본 대로, 한국 사회 안에 민족(民族)이라는 단어는 백여 년 정도만 거슬러 올라가도 찾아보기 힘든 언어였다. 물론 민족이라는 말 자체가 없었던 것은 아니다. 중국의 옛 사료에 가끔 '민족'이라는 말이 등장하기도 했지만, 단순히 '민(백성)의 무리'를 뜻하는 말, 그것도 왕의 입장에서 쓰인 말이었다. 같은 집안의 무리를 의미하는 '동족(同族)'이라는 말도 나오고, 다른 집단이나 무리들과 구별해 자기 집단을 가리키는 말로 '아족류(我族類)'라는 말도 등장한다. 이와 비슷하게 『고려사』에 '족류(族類)'라는 말이 등장하고 있으며, 『조선왕조실록』에도 '족류(族類)'라는 말이 나온다. 가령 여진이나 왜와 같은 "오랑캐는 우리 족류(我族類)가 아니다"라는 말이 나오는데, 그때의 '아족류(我族類)'는 '같은 무리', 즉 동족(同族)이라는 의미였다.

그러다가 조선 후기에 족류에 해당하는 말로 '동포(同胞)'라는 말이 등장한다. 이때 '동포'는 한 부모에게서 태어난 형제와 자매라는 뜻이기도 하고, 국왕의 은혜를 입고 있는 백성이라는 뜻이기도 하다. 『조선왕조실록』에서는 주로 후자의 의미로 사용되었다. 그러다가 1890년대 후반 국가적 위기 상황 속에서 동포가 역사의 주체라는 의미로 사용되기 시작했다. 이때만 해도 민족이라는 말은 사용되지 않았다.

민족이라는 말이 처음 등장한 것은 〈황성신문〉(1900)에서였다. 이때의 민족은 처음에는 '인종'을 가리키는 개념이었다. 그러다가 1904년에는 한반도 주민 집단을 가리키는 용어로 사용되었고, 〈대한매일신보〉(1906)에서도 한반도 주민 집단으로 사용했다. 그렇지만 당시 지식인에게 민족은 전체적으로 낯선 언어였다. 민족이라는 말보다는 동포라는 말이 더 많이 쓰였다.

앞에서 간단하게 말했지만, 이즈음 일본에서 독일어 Nation을 번역하는 과정에 민족이라는 말이 만들어졌다. 후쿠자와 유키치(福澤諭吉)가 1860년대에 영어의 people이나 nation을 '국민(國民)'으로 번역했고, 가토 히로유키(加藤弘之)가 독일어 Nation을 '민종(民種)'으로, 히라타 도스케(平田東助)가 '족민(族民)'으로 번역해 사용한 바 있다. 이런 과정 속에서 '민족'이라는 변용어가 등장했다. 그런 뒤 민족은 학계와 언론계를 중심으로 일반화되기 시작했다.

그리고 민족이라는 신조어를 청나라의 사상가 량치차오(梁啓超, 1873-1929)가 1899년 자신의 저술에서 사용한 이래 중국에서도 일반적인 언어가 되어 갔다. 20세기 초에는 한국이 중국과 일본 사상계에서 배우면서 '민족'이라는 용어를 도입해 쓰기 시작했다. 구체적으로 청나라 량치차오의 『음빙실문집(飮氷室文集)』을 읽은 이들과 도일(渡日) 유학생들을 통해 '민족', '민족주의'라는 말이 도입되고, 러일전쟁 (1904-1905) 이후 문화 계몽운동 과정에서 사용되기 시작한 것이다. 그리고 3·1운동과 1920년대 문화운동을 통해 '민족' 개념이 확장되기 시작했다. 다른 나라 사람들과 구분되는 한국인의 독자성에 공동체적 의식이 더해진 것이다. 중요한 것은 지금은 당연하게 사용하는 민족이라는 용어도 서구에서의 민족 개념의 탄생 및 전개 과정과 비슷한 과정을 거쳐 형성된 근대적인 개념이었다는 사실이다.

물론 민족의 근간 자체는 훨씬 오래되었다. 한국 민족의 원형에 해당하는 것은 삼국 통일부터 고려에 이르는 오랜 기간에 걸쳐 서서히 형성되었다. 그때의 지도상의 경계는 오늘날의 영토적 경계인 국경을 의미하는 것이라기보다는 일종의 삼투막처럼 문화 및 사회적으로 유동적인 것이었다. 이 유동적 경계가 형성되던 통일신라부터 고려 초기에 이르는 기간을 '전근대 민족' 형성기라고 한다. 오늘날과 같은 근대적 민족국가 직전 단계쯤 된다. 고려 시대까지만 하더라도 공동체를 향한 민중의 적극적인 의지는 약했거나 희미했으며, 귀족과 민중에게 '우리'라고 하는 동질적 연대 의식을 심어 줄 수 있는 새로운 질서를 갖추지는 못하고 있었다. 그러다가 몽골과의 전쟁을 거치면서, 고려 후기 민족체적 경계가 어느 정도 완성되고 민족체적 결속력도 강화되어 간 것으로 판단된다.

이러한 분위기는 조선 중기까지 이어진다. 비록 조선이 중앙집권적으로 잘 조직된 통일 왕정 국가라고 하더라도, 공동체 의식은 약했고, 중앙정부와 일반 민중 사이의 거리는 멀었다. 서양에서 인쇄술이 발달하면서 같은 시대에 비슷한 출판물을 읽으며 공동 의식이 확장되었던 것에 비하면, 조선 중기까지는 민중 간에도 공동 의식을 갖도록 해 주는 매체도 약했다.

가령 한국이 서양보다 수십 년 앞서 금속활자를 발명(1377)했다고 자랑하지만 한국에서 금속활자의 의미는 최초라는 점에서만 유의미하다. 유럽에서는 금속활자 발명 이후 50여 년 동안 4만 종 가까운 책이 발간되고 인쇄소가 250여 개까지 늘어나 인쇄술이 지식 대중화와 지식 독점의 해체, 특권 계급 타파로 이어지는 혁명적 역할을 한 데 비하면, 한국에서는 국가의 목적에 따라 국가가 인쇄술을 독점했고 따라서 지식 전파도 특권층에 제한되었다.

13세기 민간 출판업자와 서적상이 존재했던 중국과도 다르고, 1710년경 서점과 출판업자가 359개에 이르렀다는 일본과도 사정이 달랐다. 조선 시대에 들어서도 각종 서적은 특권 지배층만이 이용할 수 있었고, 서점도 19세기에 처음으로 생겼다. 이는 한반도에 사는 이들 사이에 인식적 공감대가 확장될 가능성이 상대적으로 미약했음을 의미한다. 이런 사실들이 한국에서 '민족의식'은 조선 후기에 이르러서야 형성되었다고 해야 할 정도로 역사가 짧다는 증거가 되는 것이다.

이처럼 민족이라는 말을 쓴다고 해서 한국인이 유사 이래 오늘까지 동일한 민족 개념 내지 민족의식을 가지고 살아온 것처럼 생각하는 것은 위험하거나 섣부르다. 겨레얼이 한반도에서 유사 이래 보편적으로 형성되어 전개되고 있었다고 보기 힘든 이유도 마찬가지이다. 그렇다면 근대 한국 민족주의는 구체적으로 어떤 양상 속에서 전개되어왔을까.

국가의 부재와 민족의식의 강화

분명한 것은 한국에서는 조선 후기부터 20세기에 걸쳐서, 무엇보다 1876년 개항 이후 본격적으로 밀려드는 외세에 대응하면서 근대적인 의미의 민족의식이 생겨나고 강화되기 시작했다는 것이다. 사학자 신채호(1880-1936)가 역사를 '아(我)와 비아(非我)의 투쟁의 기록'으로, 한국사를 '한국 민족과 이민족의 투쟁사'라고 규정한 것도, 외세의 도전을 통해 민족의식이 강화되었고, 그 도전이 한국을 근대 민족국가로까지 나아가게 하는 계기가 되었음을 보여준다. 물론 단순하게 구분하자면, 조선 후기 불어닥친 외세를 삿된 것으로 규정하면서 기존의 유교적 봉건 체제를 유지하고자 했던 이항로 등 위정척사파에게도 민족주의적 요소가 없지는 않았다. 그리고 김옥균 · 박영효 · 서재필 · 윤치호 등 외세를 수용하면서 봉건성을 탈피하고자 했던 개화파도 어느 정도는 민족주의자였다.

그렇지만 지금까지의 정의에 비추어 보건대, 위정척사파의 민족주의는 민중적이거나 전체적이기보다는 일부 지배계급 내부의 동질성을 더 반영한다는 점에서 앞서 정의한 민족의 개념에는 훨씬 미치지못했고, 엘리트적 개화파도 그 개화적 정신을 민중에게까지 연결 짓지는 못했다는 점에서 덜 민족적이었다.

이에 비해 반외세는 물론 반봉건에도 주목했던 동학운동은 상대적으로 좀 더 종합적인 민족주의 운동이었다고 할 수 있다. 전근대 민족에서 근대 민족으로 전환되는 가장 결정적인 계기가 '사회 신분제의폐지'에 있고, 또 근대 민족주의의 특징인 '민족의식'이 다른 문명과구별되는 통일적 공동체 의식 내지 연대 감정에 있다고 한다면, 인간평등 사상을 기치로 외세 및 억압적 정권에 저항해 '아래로부터' 벌어진 동학농민혁명(1894)은 한국 민족주의의 본격적 시작을 알리는 효시가 아닐 수 없다. 우리의 주제대로 표현하면, 동학농민혁명은 겨레얼 의식이 민중적 차원으로 확대되고 그 민중에서부터 시작된 대표적인 사례인 것이다.

이것은 우리나라 근대 민족주의의 주요 과제가 반봉건 내지 반외세에 있었고, 이에 따라 한국 민족주의는 저항적 경향을 보여주었다는 저간의 평가에 비추어 보면 더욱 그렇다. 이렇게 구체적으로 힘을얻어 가며 시작된 한국 민족주의는 온건 개화파 김홍집에 의해 근대국가를 지향하는 일련의 제도 개혁(갑오개혁, 1894)이 단행되면서 좀 더 구체적인 옷을 입게 된다.

이 시기를 전후하여 획득한 종교(당시의 언어로는 信敎)의 자유로 인해 급격하게 증가하기 시작한 기독교(특히 개신교)는 다른 방식에서 한국 민족주의의 형성에 공헌한다. 당시 이른바 민족주의자들은 외세의 전형인 기독교를 좋아하지 않았지만, 역설적이게도 기독교가 한국 민족 개념의 확장에 끼친 영향이 적지 않다. 특히 초기 한국 기독교는 조선적 세계관의 주변에 있던 서북 지방 신흥 상인들에 의해 보급되기 시작했다는 사실은 중요하다. 한국 기독교는 전반적으로 수구적이기보다는 비유교적·자유주의적·개인주의적 성향을 띠었다.

무엇보다 기독교는 교육 사업 등을 통해 확산되었는데, 기독교의 교육 사업은 한국인들 사이에 평준화된 사고방식을 보급하는 데 일정 부분 이상의 역할을 했다. 기독교가 지역적 조직을 통해 한국인에게 새로운 세계를 보여주었고, 한국인을 대상으로 하는 일반 교육에 힘을 쏟았으며, 각종 한글 출판물들 덕분으로 한국인으로 하여금 동시대를 살아가는 공동체적 동질감, 이른바 민족의식을 갖도록 하는 데 일부라도 공헌한 측면이 있는 것이다.

서양에서의 민족주의가 국민 전체에 대한 교육과 종교적 조직망 같은 것을 통해 강화되어 왔듯이, 한국에서도 기독교에 의한 교육 사업 등을 통해 그 관련자들 간에 다소 수평적인 의식이 확대되면서, 기독교는 한국 민족주의 형성의 주요 축으로 작용하게 된 것이다. 이런 식으로 한국의 초기 기독교인들을 통한 새로운 의식 형성이 근대 민족주의의 새로운 씨앗으로 작용하기도 했다. 물론 기독교 중심의 서구화에 반대하면서 생겨난 민족종교 운동은 역설적으로 서양식 근대화에 저항하면서 근대 민족주의 의식을 키워온 것이라고 할 수 있다.

이때 기독교는 외세였지만, 한국의 경우는 국가의 멸망을 경험하다 보니 기존 전통에서는 민족적 구심점을 찾지 못한 채 압도적으로 밀려오는 외세를 수용할 수밖에 없는 분위기였다. 특히 일본에 의한 국가적 멸망을 겪고, 더 이상 국가를 강조할 수 없는 상황에서도 공동체를 이어 가는 방법은 민족이나 민족의식을 강화하는 것이었다. 기독교인들 중에도 국가(state)가 아닌 민족(nation)을 확립하기 위한 운동을 펼치는 방식으로 사실상 공동체적 정체성을 이어 가려는 노력이 생겨났다. 조선 시대를 거치면서 유교 중심적 혹은 유교 일원적 세계관을 지녀 왔던 한국인이 점차 '민족'이라는, 당시로서는 비교적 새로운 개념으로 기존의 국가 의식을 대체해 갔다. 왕을 상상하고 유교적 세계관을 상상하던 구성원들이 왕조가 붕괴되고 유교 일원적 세계가 와해되면서 그 빈 공간에 '민족'을 넣게 된 것이다.

국가가 사라지고 외부 세력에 억압을 당하면서 민족의식이야말로 국가의 부재를 메워 주고 외세에 저항하게 해 주던 힘이었다. 민족의식이 없으면 한국인으로 인정받기 힘든 분위기도 생겨났다. 이러한 힘이 중화주의(中華主義)를 벗어나게 해 주었고, 일본을 극복하게 해 주는 동력이었다.

이러한 민족의식은 대단히 중요하다. 민족의식이 어떻게 전개되느

● **단군성전**

단군왕검의 영정을 봉안한 사당이다. 신태윤이 독립운동 정신을 고취하기 위해 1916년 건립했으며 단군성조숭모회에서 관리하고 있는 문화재이다. (전라남도 곡성 소재, 출처: 문화재청)

냐에 따라, 자민족 중심주의적 시각에서 다른 민족을 차별하는 인종주의 형태로 나타날 수도 있고, 다른 민족이나 국가를 억압하고 정복하려는 제국주의적 기초가 될 수도 있으며, 다른 민족을 포용하는 근거로 작용할 수도 있다. 결과론적인 이야기이지만, 한국의 민족의식은 대체로 인종주의나 제국주의 형태로 발전해 가기보다는 다문화 혹은 다인종을 포용하는 근거로 작용하는, 비교적 다행스러운 길을 걸어왔다. 한국의 민족주의 혹은 민족의식이 다른 민족의 흐름을 수용하고 소화해 가는 근거로 작용해 온 것이다. 오늘날 유행이 되다시피 한 다문화를 수용하는 근거도 연원을 거슬러 올라가 보면, 민족의식의 성숙한 발현이라고 생각된다. 어찌 되었든 중요한 것은 동시대를 살아가는 이들이 자신의 정체성을 확보하고 유지하는 데 필요하다고 간주된 것이 한국 민족의식의 형성에 공헌하게 되었다는 것이다.

조선혼과 조선학

민족의식 혹은 민족정신을 강조하는 분위기는 19세기 후반부터 싹트고 있었다. 가령 개화 사상가인 유길준(1856-1914)은 이미 1880년대 한글 사용을 강조했고, 이런 정신은 한글학자 주시경(1876-1914)을 통해 계승되었다. 주시경은 '민족'을 '언어공동체'로 규정하면서, 문자의 독립이 국가의 독립과 직결된다고 강조했다.

이것은 마치 고대 이스라엘이 로마에 의해 멸망하자(서기 70년) 요하난 벤 자카이(Johanan Ben Zakkai)가 토라(Torah, 율법)를 확립함으로써 고대 이스라엘의 정신적 독립을 추구했던 것과 비슷하다. 국가 멸망 이후 나라 없이 2천 년을 떠돌던 유대인들이 20세기에 이스라엘이라는 나라를 건국하게 된 것도 요하난 벤 자카이가 자기 민족을 일종의 '경전 공동체'로 보고서 흩어져 전승되던 경전을 종합해 사상적 공감대를 확산시켰기에 가능한 일이었다.

서양 학자들이 '민족'을 '언어공동체'로 보기도 했지만, 실제로 한국어를 유지하고 그 언어적 세계관을 공유함으로써 '민족'을 유지할 수 있으리라 본 것은 식민지라는 시대 상황에서 실존적으로 발견해 낸 체험적인 시도였다. 민족의식도 그러한 과정의 연장선에서 생겨나고 강화된 것이다. 그렇다면 민족의식에 해당하는 다른 말은 없었던 것일까? 민족의식에 대응하는 언어가 있었는데 그것은 바로 '조선혼'(朝鮮魂) 혹은 '국혼'(國魂)이다.

〈황성신문〉(1907.2.6)에 이런 표현이 나온다: "이에 감히 한 치 혀로써 전국에 부르짖노니 우리 조선혼이여! 또 감히 하나의 작은 붓으로 전국을 향하여 찾노니, 우리 조선혼이여!" 또한 〈황성신문〉(3.20)에서는 '국혼(國魂)'이라는 말도 여러 차례 사용한다. 박은식은 '대한정신(大韓精神)'이라는 말을 사용한다. 사람에게 혼이 있듯이, 국가에도 혼이 있으며, 민족에는 정신이 있다는 것이다. 조선혼, 국혼, 대한정신 등은 모두 민족의식을 고취하고 민족정신을 보전하려는 데 초점을 둔 언어들이라고 할 수 있다.

이러한 언어들은 국가적 위기 상황 속에서 국조(國祖) 단군을 강조하는 형태로 나타나기도 했다. 일본이 메이지 시대(1868-1912)에 일본의 기원이 되는 신 아마테라스 오미카미의 상징성을 강조하고 그 후손으로 간주되는 천황을 중심으로 국가적 정체성을 확립했던 것처럼, 한국에서는 개국시조로 받들어지던 단군이 국혼의 상징으로 강조되었다. 그리하여 나철(弘巖 羅喆)이 주도하는 '단군교(檀君敎)'라는 종교로 발전하기도 했다. 1909년 창립된 단군교는 이듬해 대종교(大倧敎)로 개칭되었고, 민족정신 혹은 민족의식을 강조하는 진원지 역할을 하기 시작한다. 대종교 주창자들에게는 단군을 강조하는 마음과 민족의식 혹은 민족정신을 고취시키려는 마음이 거의 동일하다고 할 수 있을 것이다.

이런 분위기는 1930년대 정인보 등이 '조선학(朝鮮學)'을 제창하고 주도하면서 '조선의 얼'을 찾기 위한 운동으로 이어졌다. 〈동아일보〉에 썼던 "오천년간 조선의 「얼」"이라는 연재문에서 보이듯이, 정인보는 '얼'이라는 순우리말을 강조했다. 조선의 역사도 '단군조 이래 5,000년간 맥맥이 흘러온 얼'에서 찾고자 했고, 조선의 역사는 곧 한민족의 '얼의 역사'라고 강조했다. 오늘날 한국학이라는 말의 근원에 해당하는 '조선학(朝鮮學)'이라는 말을 처음 사용했고, 민족정신에 기반을 둔 국학 연구의 기초를 다졌다.

정인보의 조선학은 이승만, 안호상 등 정치인들을 거치면서 일민주의(一民主義), 즉 혈통주의적 민족 단일체 강조로 이어졌다. 해방 후 초대 대통령이었던 이승만 등은 민족 단일체 의식을 앞세웠던 일민주의 즉 하나의 겨레를 강조하고, 단일민족 이념을 부각시켰다. 이러한 정치 이념이 적용되면서 한국인이 같은 핏줄을 지녔다는 동일 혈통주의적 민족주의로 퇴행하는 모습을 보이기도 했다. 조선학을 강조하는 분위기가 국가적 정체성을 확립하고 정권 유지를 위한 수단으로 이용되었다는 점에서 그것은 사실상 퇴행하거나 퇴색되어 갔다는 말이다. 이른바 '단일민족'이라는 말은 1970년대 말까지도 정권 유지를 위한 정책적 강조를 통해 한국인에게 자명한 원리처럼 각인되다시피 했다. 퇴행적 민족주의의 잔재라고 할 수 있다.

겨레 혹은 겨레얼이라는 말도 이런 배경 속에서 등장하고 힘을 얻어 왔다. 한국적 정체성을 확립해 가는 과정에서 등장하고 부각되었다는 점에서 겨레얼이라는 용어 자체는 역사적 조형물이다. 겨레가 우리 고유의 언어이기는 하지만, 그 의미 자체가 역사를 관통하며 불변한 것이 아니었다는 뜻이다. 이러한 과정을 정리하다 보면, 겨레얼 연구가 정치적 이념으로 퇴색된 단일민족 신화를 반영하지 않도록 조심해야 한다는 사실도 자연스럽게 알게 된다.

03.

겨레, 문화, 신화

우리말이 주는 착각

앞에서도 일부 이야기했지만, 한국인이 '겨레'라는 말을 사용할 때는 은연중에 우리 한민족이 단군이라는 한 조상에게서 나와 아직까지 끊어지지 않고 문화나 정신의 동질성을 이어가고 있는 특별한 민족이라는 느낌을 담고 있을 때가 많다. 게다가 이 겨레라는 단어는 한국인들만 대상으로 하고 있다는 점에서 한국인 안에 특별하고도 선천적인 무엇인가가 있다고 한국인 스스로 생각하곤 한다. '민족'은 번역어인데 비해 '겨레'는 순우리말이다 보니, 겨레라는 말 속에 수천 년 이상 지녀 온 고유의 무엇이 있다는 생각을 자연스럽게 하게 된다는 것이다. '우리 겨레'라는 말은 있어도 '일본 겨레'나 '미국 겨레'라는 말을 쓰지 않는 용법 속에 그런 심정이 담겨 있다.

그런데 이미 본 대로 이런 정서에는 문제점들이 적지 않다. 겨레라는 말의 의미와 내용 자체가 근대 민족 개념의 형성과 전개 과정 속에서 형성된 것이기 때문이다. 민족에 해당하는 시원적 개념이 있기는 했지만, 조선 중기까지도 한국인 전체에 보편적으로 해당하는 어떤 정신이 있었다고 확언할 수는 없다. 따라서 겨레라는 말 속에 단군이 세웠다는 고조선부터 2천 수백 년이 지난 현대 한국에 이르기까지 관통하는 본질적인 무엇이 담겨 있으며 그 정신을 현재까지도 우리 모두가 변함없이 공유하고 있는 것처럼 사용하는 데는 문제가 있다는 것이다.

과연 지난 몇천 년 동안 한반도에 살았던 사람들은 자신들이 같은 민족이라고 생각했을까? 가령 2천여 년 전에 고조선의 수도였던 평양에 살던 사람이 지금 평양에 살고 있는 북한 사람들을 두고 같은 민족이라고 생각할까? 삼국시대 사람들이 같은 민족이고 같은 정신을 나누고 있다고 생각했을까? 그러니까 고구려 사람들이 신라 사람들을 두고 우리는 문화와 역사를 공유하는 같은 민족인데 지금은 여러 가지 이유로 싸우고 있을 뿐이라고 생각했겠느냐는 것이다. 이런 의문에는 대체로 부정적인 답이 떠오르는 것을 금할 수가 없다.

한민족이라는 특별한 '겨레'가 있는데 이 민족은 이 세상에 나타나 존재하기 시작할 때부터 어떤 고매한 정신을 갖고 있었다는 생각도 의심스럽다. 게다가 그 고매한 정신은 변하지 않고 계승되었고, 혹여 변하더라도 겉모습만 변했지, 내부에 있는 핵심적인 정신(얼)은 불변한 채로 지금까지 면면히 이어져 내려왔다는 생각 역시 의문이다.

과연 이 변하지 않는 정신이라는 것이 존재할 수 있는 것일까? 이렇게 거시적인 민족 단위로 갈 것 없이 한 개인의 입장에서 보아도 어떤 변하지 않는 정신이라는 개념이 존재한다고 믿는 것은 쉽지 않다. 한 개인의 정신사(精神史)도 따져 보면 그리 간단하지 않다. 한번 우리 각자 자기 자신에 대해 생각해 보자. 5살 때의 자기와 80세의 자기에게 정신적인 면에서 변하지 않는 개념이 있어서, 하나도 변하지 않고 지속적으로 존재했다고 볼 수 있을까? 그것도 그냥 개념이 아니라 어떤 숭고한 생각이 있어 또 한 번도 변하지 않고 지속적으로 흐르고 있다고 생각할 수 있느냐는 것이다. '겨레얼'과 관련해 지금까지 본 것처럼 이 '겨레'와 '얼'이라는 두 개념에는 설명하고 증명해야 할 부분이 많다.

수용과 변화의 능력

위에서 밝힌 것처럼 처음부터 겨레의 '내용'을 설명하는 것에는 도리어 오해가 뒤따른다. 무엇이 겨레이냐를 논하기 전에, 겨레 또는 민족이라는 말처럼 그에 해당하는 개념이 어떻게 지속될 수 있었는가를 살펴보는 것이 하나의 방법이다. 분명한 것은 겨레의 내용을 당장 밝히기는 힘들어도, 한국인이 오랫동안 다양한 외래 사상을 수용하고, 그로 인해 변화하고, 또 각종 부침 속에서도 면면히 생존하면서 무언가 생명력을 유지해 왔다는 사실이다.

한국인은 오랜 세월 동안 다양한 사상과 문물을 수용하면서 변화했다고 할 때, 그 수용과 변화의 주체에 일단 겨레라는 말을 붙일 수 있다. 그리고 그 수용 능력이야말로 겨레라고 불릴 만한 어떤 주체의 가장 근본적인 능력이라는 것이다. 달리 표현하면 겨레는 한국인의 다른 이름이며, 겨레얼은 한국적 정신의 가장 포괄적인 내용이 된다는 것이다.

이러한 한국적 정신은 유사 이래 다른 것을 수용하고 창조적으로 종합해 온 원초적 능력으로 나타나며, 한국인은 이러한 능력 위에서 이제까지 이질성과 다양성을 흡수하고 소화하며 새로운 문화를 창조해 왔다. 그렇게 창조되면서 한국적인 독특한 것도 형성되어 온 것이다. 그러한 형성의 기초에 놓여 있는 정신이나 능력을 겨레얼이라고 명명하게 된 것이다. 동양철학자 박소정은 이렇게 정리한다.

> 한국인이 오늘날과 같은 모습으로 그렇게 흘러갈 수밖에 없도록 한국인의 정체성이 원래 '있었다'고 말하려는 것은 아니다. 한국인의 정체성이라 할 만한 것이 어렴풋이 '생겨났으며' 역사의 부침 속에서도 중국이라고 하는 중심의 힘, 구심력에 완전히 휩쓸려 들어가지도 않고 떠오르는 일본의 도전에 자신을 모조리 내어 주는 일도 없이 한국인이 '되어 갔으며', 한국인을 둘러싼 힘들의 틈바구니 안에서 한국인으로서 '살아가고 있는' 것이라고 보고 싶다. 그리고 한국인으로서 산다는 것은 이러한 과정에서 쏟는 노력과 반성들이 그 마디를 이루어 갈 때 비로소 가능한 것이라고 생각한다.

위 인용문에서 말한 한국인의 정체성을 '겨레얼'로 바꿔 놓고 본다면, 겨레얼은 처음부터 지금의 모양으로 확정되어 있었던 것이 아니라, 오랜 노력과 분투의 과정 속에서 생성된 것이자, 동시에 그렇게 생성되도록 하는 힘이기도 하다는 말이다. 그렇기에 겨레얼은, 그것이 변하느냐 변하지 않느냐에 관한 논의와 상관없이, 한국인이 유사 이래 난관을 헤쳐 오고 다양성을 수용하면서 새로운 문화를 창조해 온 심층적 생명력에 붙여진 다른 이름이라 말할 수 있는 것이다.

그런데 난관을 헤치고 다양성을 수용하면서 새로운 문화를 창조해 온 그 심층적 생명력은 한국인의 문화적 능력이기도 하다. 한국 문화야말로 겨레의 얼의 산물, 즉 한국 민족의 정신이 산출했거나 관여하면서 형성된 작품이다. 그런 점에서 군이 문화 자체를 해명할 필요는 없어도, 겨레얼을 논하는 자리에 문화를 형성하고 수용하고 재창조해 온 근원적 능력은 눈여겨보아야 한다. 문화를 가능하게 하는 근원, 문화의 작동 원리를 살펴봄으로써, 겨레얼이라는 말을 현대인에게 더 친근하게 만들 수 있다는 것이다.

겨레얼과 문화의 구조

흔히 '문화(文化, culture)'를 정치 · 경제 · 사회 등과 구분하면서 인간이 산출한 관찰 가능한 특정 영역이나 대상들로 간주하곤 한다. 예술 작품이나 예능 영역을 의미하는 협의의 차원에서 사용하는 경향도 크다. 하지만 문화는 예술 작품이나 활동에 한정되기는커녕, 인간 활동의 모든 영역과 관련되는 광범위한 영역이다. 정치에도 문화가 있고, 경제와 사회에도 문화가 있다. 예술에도 문화가 있다. 게다가 종교문화, 건축문화, 교통문화, 의복문화, 음식문화 등이 있고 음식문화라 하더라도 밥상문화, 김치문화 등 다시 세분화할 수 있듯이 문화라는 용어와 개념은 인간 활동이나 소산의 거의 모든 영역에 적용된다. 그만큼 문화는 광범위해서 딱히 정의하기가 힘들다. 실제로 서양에서 18세기부터 20세기 사이에 내려진 문화의 정의는 160여 개에 이를 정도로 문화의 정의 자체가 다양하다.

문화의 범주가 인간과 관련된 거의 전 영역을 포괄할 만큼 광범위하다 보니, 인간의 어떤 언행도 문화로부터 자유롭지 못하다. 일견 문화는 인간에 의해 창조되는 것 같지만, 그렇게 창조되는 새로운 문화 역시 알게 모르게 기존 문화에 영향을 받으며 그 안에서 형성되고 발전한다. 그만큼 문화는 인간 정신의 소산물이면서도 인간 정신 활동 일체를 근거 짓는 원천이다. 문화는 인간이 산출해 낸 것이면서도 동시에 그 산출을 가능하게 해 주는 근원이기도 하다.

인간이 문화를 만든 것 같지만, 근원적인 차원에서 보면 인간은 문화를 대상화하지 못한다. 물고기가 물을 대상화할 수 없듯이, 인간은 전적으로 문화의 영향을 받으면서 문화 안에서 형성되고 살아가기 때문이다. 문화는 이런 식으로 전체적으로 보아도 잘 드러나지 않는 복합성과 중층성을 지닌다. 역사가 사건들의 단순한 집합이 아니듯이, 문화 역시 단면적으로 파악되지 않는다. 프랑스의 아날학파에서 역사를 연구하면서 다양한 개별적 사건들 자체에 집중하지 않고, 오랜 기간에 걸쳐 형성된 집단적인 사고방식, 생활 습관과 같은 민중의 집합적 심성(프랑스어로 '망탈리테')을 중시했던 것과도 비슷하다. 민중의 집합적 정서 혹은 심성을 중시하는 아날학파의 시각은 겨레얼을 이해하려는 우리 시도와 상통하는 측면이 있다. 겨레라는 말에도 역시 민중의 집단적 정서가 반영되어 있기 때문이다. 겨레얼 연구에서 소수 엘리트가 남긴 민족적 정서를 연구하는 것도 한편에서는 필요하지만, 소수 엘리트 집단의 성취를 가능하게 해 준 민중적 정서 내지 전반적인 상황을 놓쳐서는 안 된다는 것이다.

'겨레얼'이야말로 한국 안에서 한국인과 관련되어 벌어진 모든 일들의 근원에 해당하는 것이다. 인간이 문화를 만드는 듯해도 실상은 그렇게 만드는 행위도 문화 안에서 이루어지듯이, 겨레 논의 역시 겨레얼이라고 불릴 만한 근원적 수용 능력 안에서 가능하다는 것이다. 겨레얼의 민중적이고 집합적이고 광범위하면서도 유구한 역사를 볼 수 있어야 하는 것이다.

겨레얼의 표현 방식, 신화

　　　　　　이러한 민중적 집단 심성을 잘 반영하는 전승 형태가 있다면 그것은 신화이다. 신화는 민족이나 국가의 기원을 신적인 차원에서 전승하려는 이야기 양태를 일컫는다. 사전적 정의에서 '신화'는 한 나라 혹은 한 민족, 한 문명권으로부터 역사적으로 전승되어 내려오는 이야기로서 신비로운 종교성을 필연적으로 갖고 있다. 이러한 신화가 있다는 것은 그 신화를 공유하는 구성원들이 자신들의 민족이나 국가의 시원을 상상해 왔다는 증거이다. 신화를 갖고 있다는 것은 정신문화가 그만큼 성숙하다는 증거이다.

　　물론 현재의 전 세계 지역과 민족 및 국가들을 둘러보면 모두 신화를 갖고 있는 것은 아니다. 신화가 허구적이라는 과학주의자들도 있고, 신화는 후대에 만들어진 위작이라는 식으로 부정적인 허구의 전설로 치부하는 경우도 있지만, 신화론에서는 신화의 허구성이나 진실성 및 사실성은 그리 문제되지 않는다. 신화는 원래 과학적 증명을 요구하는 것이 아니기 때문이다.

　　중요한 것은 신화가 종교적으로 끼쳤던 영향만큼이나 다양한 문화를 파생시켰으며, 이는 철학·건축·문학·예술·역사뿐만 아니라 사람이 사용하는 일상용어에까지 자취를 남겼다는 점이다. 예로부터 전해 오는 이야기들을 전설이라고 일컫기도 하지만, 전설은 신화와 비교하여 볼 때 이야기의 주제가 서로 독립된 것이 보통이며 그리고 그 짜임새에서 단편적인 경향이 있다. 이에 비해 신화는 우주론과 철학적 존재론 및 인식론을 포함하며 종교의 체계를 가지고 있다. 원가 (袁珂)는 다음과 같이 말한다.

무엇이 신화인가? 이것은 뚜렷한 해답을 내리기가 매우 어려운 문제이다. 중국에는 옛날부터 신화라 하는 이름도 없었다. 그것은 근세에 들어와 외국으로부터 수입되어 들어온 명사에 불과하다. 따라서 대부분의 사람들은 누구나 신화란 현실 생활과는 무관한 것이며, 곧 인류의 두뇌에서 공상적으로 발생한 것에 불과하다는 생각을 하고 있다. 그러나 이러한 인식은 이만저만한 착오가 아닐 수 없다. 일반적으로 말해 신화란 곧 자연현상을 의미하며, 그것은 또한 자연에 대한 인류의 투쟁과 광범위한 사회생활을 개괄적으로 반영한 것이라고 볼 수 있다. 다시 말해 신화의 발생은 인류의 현실 생활에다 기초를 두고 있는 만큼 결코 인간 두뇌의 공상에서 비롯된 것은 아니라는 것이다.

그럼 이러한 신화의 기능은 어떤 양상일까? 현재 문화와 문명을 이루는 대부분의 철학·문학·건축·예술·음악·시 등이 신화에서 파생되었으며, 이는 과거 우주의 초자연적 현상 및 하늘과 땅에 대한 인간들의 심미적 의식이 극대화되어 인간 스스로가 인문학과 예술품 (신전 건축, 음악, 춤 등)을 발전시켰기 때문이라고 보인다. 게다가 신화의 기능은 인간 행동의 의미와 규제를 가리키는 것이기도 하다.

신화는 원시시대 때부터 한 민족에게 예로부터 전해 오는 이야기이며, 자연계나 인문계의 여러 현상을 초자연적 힘을 중심으로 그들 나름대로 상상하고 서술한 민족 발생의 이야기이다. 이를 민속종교의 원천이라고 해도 좋을 것이다. 이를테면 민속종교는 개인적 소산이 아니라 민족 전체를 지배하는 풍속·신앙·제도·도덕 등을 배경으로 하여 나타난 조상들의 문화적 유산이라 할 수 있다. 따라서 신화는 민족의 신념이자 정신이고 그들의 역사를 말해 주며, 그 구송성(口誦性) 때문에 민족 서사시로 발전하고 문학화된다. 결국 민족과 신화는 불가분의 관계이며, 인류의 역사 속에서 볼 때 신화가 있는 민족은 그들만의 독특한 정신문화와 물질문화를 만들어 냈다는 것은 주지의 사실이다.

신화는 다음과 같은 특징과 성격을 지닌다. 첫째, 민족 예술성이다. 신화는 오랜 세월에 걸쳐 생활 속에서 자연 발생한 것으로 민족성을 반영하면서도 개인 작가는 없다. 그리고 각 신화의 분야마다 그 발생 양상의 세부적인 면에서는 약간의 차이가 있다. 둘째, 구송성(口誦性)이다. 신화는 제주(祭主)가 신을 움직이려는 주문·도사(禱詞)의 형태로 되어 있는 경우가 많은데, 무가(巫歌) 중 특히 서사적인 것은 신화적인 성격을 띤다. 셋째, 설명성이다. 신화는 자연계나 인문계의 모든 현상을 설명하려 하되, 그 모든 것이 신의 의지에 의한다는 원초적 사고방식이 으뜸이 되면서 형성된다. 넷째, 인격화이다. 애니미즘·토테미즘적 종교 형태에서 인문 현상 및 자연 현상이 신격화되고, 그

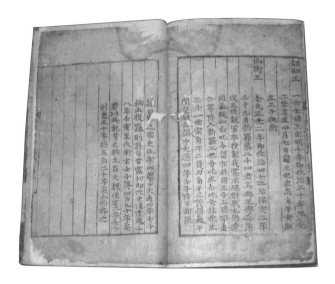

삼국유사

고려 시대 승려인 일연이 고려 충렬왕 7년(1281)에 인각사(麟角寺)에서 편찬한 삼국시대의 설화집이다. 2003년에 조선 초기의 간행본과 중종 임신본이 각각 대한민국의 국보 제306호와 제306-2호로 지정되었다.(출처: 문화재청)

것이 다시 인격화된다. 신화는 비사실적이고 탈과학적이지만, 민중 생활을 반영한다는 점에서 가치를 갖는다. 다섯째, 변화성이다. 신화는 시대에 따라 지속적으로 재해석된다는 점에서 변화성을 일종의 본질로 삼는다. 여섯째, 유동성(類同性)이다. 여러 가지 주제가 결합되고 구성되면서 전승되기 때문에 그렇게 신화를 구성하고 전승하는 이들 간에 공감대를 확장시킨다.

신화는 시간과 공간의 제약을 받지 않는 유동적인 인류의 지적 문화의 한 유형인 것이다. 이런 측면에서 본다면 우리 민족이 갖고 있는 다양한 형태의 신화도 겨레얼의 표현 양태이자 민족 정신문화의 한 원형을 형성하는 데 크게 기여해 왔다고 할 수 있다.

신화의 메시지, 홍익인간

모든 신화는 단순한 공상의 산물이 아니다. 신화는 고대인이 이 우주와 만물 그리고 스스로에 대해 가진 원초적인 이미지에 관해 상상력을 바탕으로 하여 당시의 사회적 · 정신적 질서의 갈등을 표현한 것으로서, 역사적인 의미와 상징적인 의미를 모두 갖는다. 따라서 우리는 신화를 통하여 자민족의 전통적 우주관과 가치관 및 인생관을 파악할 수 있으며, 나아가 오늘의 상황적 의미와 내일의 방향까지도 모색할 수 있는 것이다. 신화에 신비적 허구성이 담겨 있으면서도, 지금까지 장구한 역사 속에서 인구에 회자된 것도 그 때문일 것이다.

이 가운데 한국 신화의 원조와도 같은 단군신화의 메시지를 눈여겨보아야 한다. 특히 단군신화에 담긴 홍익인간(弘益人間) 정신은 겨레얼의 고대적 의미를 이해하게 해 주는 시원적 사상이라고 할 수 있다. '널리 인간을 이롭게 한다'는, 좀 더 풀면 사람 사는 세상이 더욱 사람다워지도록 두루 도움을 준다는 이 '정신'이야말로 한국적 정신의 특징을 추론할 수 있는 원초적 근거를 제공해 준다.

잘 알려져 있다시피 고조선의 건국신화인 단군신화는 한국 최초의 나라인 고조선의 건국 이야기이다. 이에 대한 기록은 고려 충렬왕 때 서술된 일연의 『삼국유사』 외에 이승휴의 『제왕운기』 등 고려 시대에 저술된 역사서에 처음 나오며, 정인지 등의 『세종실록』「지리지」, 권근의 『양촌집』「응제시」, 권람의 「응제시주」, 이행 등의 『신증동국여지승람』, 서거정의 『동국통감』, 한치윤의 『해동역사』 등 조선 시대 여러 문헌에도 같은 내용이 있다.

이렇게 볼 때, 단군신화는 한국적인 어떤 모습을 찾아가는 여정에서 중요한 단서를 제공한다. 물론 이 기록들은 저작 연대가 대체로 13세기와 그 이후이므로 사료적 신빙성을 의심하는 학자들도 있다. 특히 국내의 일부 학자나 일본 학자들이 단군신화의 출처가 분명치 않다고 하여 후세의 위작설을 주장하기도 하지만, 이는 신화의 본질을 간과한 데에 기인한 것이다. 모든 신화가 그러하듯 단군신화 역시 개인의 창작이 아니고, 한민족의 집단적 의식의 소산이며 또한 무의식적 혼(魂)의 구현이기 때문이다. 일연의 『삼국유사』「기이(紀異)」제1편은 『고기(古記)』를 인용하여 다음과 같이 기록하고 있다.

『고기(古記)』에 이르기를, 옛날에 환인(桓因)의 서자(庶子) 환웅(桓雄)이 있었는데 천하에 자주 뜻을 두어 인간 세상을 구하기를 탐하였다(貪求人世). 아버지가 아들의 뜻을 알아차리고 아래로 삼위태백(三危太白)을 내려다보니 가히 인간을 널리 이롭게 할 만하였다(弘益人間). 이에 천부인(天符印) 세 개를 주며 내려가 다스리게 하였다. 환웅은 무리 3천을 이끌고 태백산(太白山) 꼭대기 신단수(神檀樹) 밑에 내려와 여기를 신시(神市)라고 하니, 이가 곧 환웅천왕(桓雄天王)이다. 그는 풍백(風伯), 우사(雨師), 운사(雲師)를 거느리고 곡식(穀), 생명(命), 질병(病), 형벌(刑), 선(善), 악(惡) 등 무릇 인간의 360여 가지의 일을 주관하고 인간 세상에 살며 다스리고 교화하였다(在世理化).

그리고 이 뒤에 이어지는 문장에서는 곰 한 마리와 호랑이 한 마리가 등장하여 동굴 거주, 쑥 한 움큼, 마늘 20개, 백일 동안의 금기, 웅녀로의 변신, 임신 기원, 환웅의 일시적 인간으로의 변신 등으로 이야기가 전개되면서 마침내 단군왕검(檀君王儉)이 탄생한다. 다시 그 뒤에 단군의 고조선 건국에 관한 이야기와 단군의 산신(山神)화로 이야기의 끝을 맺고 있다.

이렇게 볼 때 단군신화는 이야기의 전개가 명쾌하다. 서양의 그리스와 로마 신화처럼 스케일이 장대하지는 않지만, 매우 담백하고 산뜻한 느낌을 준다. 또 그리스신화의 남신(男神)과 여신(女神) 간의 복잡한 남녀 관계, 더 나아가 남신(男神)과 인간 여성 간의 밀애 관계, 남신과 인간 미소년 간의 동성애 등과 같은 성(性)에 관한 노골적 이야기는 보이지 않는 대신, 하늘과 땅, 그리고 인간이 절묘하게 조화되고 화합하는 미학이 담겨 있다. 그리고 순결하고 고귀한, 그러면서도 품격 있는 줄거리를 뼈대로 하고 있다. 그 중심 축에 '홍익인간'이라는, 즉 사람 사는 세상을 두루 풍성하게 하겠다는 메시지가 놓여 있다.

단군신화는 크게 세 부분으로 구성되어 있다. 첫째는 전반부에서의 하늘과 신(神)에 관한 이야기이고, 둘째는 중반부의 땅과 물에 관한 이야기이고, 셋째는 후반부의 인간의 탄생에 관한 이야기이다. 결국 단군은 하늘에 기원을 두면서도 땅과 물, 그리고 인간을 중심으로 하는 존재라는 이야기임을 알 수 있다. 그리고 우리 겨레가 예부터 믿어온 원시 신앙의 여러 형태도 엿볼 수 있다. 예를 들면 곰과 호랑이가 사람이 될 수 있다는 내용은 주술적이며, 단군이 곰을 어머니로 삼고 있는 것으로 미루어 토템 사상도 엿보인다. 통설에 의하면, 이때의 곰[熊]은 곰 토템 부족을 상징하고, 범[虎]은 범(호랑이) 토템 부족을 상징한다. 그뿐 아니라 비인격적인 위력을 믿는 마나이즘, 금기(taboo), 샤머니즘, 애니미즘 등의 원시 신앙도 찾아볼 수 있다. 그것에 경천사상(敬天思想)의 일면도 깃들어 있다. 이렇듯 단군신화는 우리 겨레의 정신적 뿌리를 종합적으로 이해하게 해 주는 시작점이라고 할 수 있다.

물론 단군신화의 '환인'에는 불교적 세계관이 담겨 있고, '천부인', '풍백', '우사', '운사' 등에는 도교적 요소가 담겨 있다. 이렇게 단군신화에 불교와 도교적 영향이 보인다고 해서 단군신화의 정신문화적 의미가 축소되는 것은 아니다. 문자가 없었던 고대 우리 민족에게 원형적 설화가 구전되어 내려오면서 조금씩 변형되기도 했을 것이고, 한문으로 옮겨지면서 그 의미가 조금씩 첨가, 삭제되기도 했으리라는 점은 신화의 자연스러운 운명이다. 단군신화 역시 마찬가지이다. 단군신화의 불교적, 도교적 요소는 겨레얼이 도리어 다양성을 수용해 왔다는 증거가 될 수 있는 것이다.

중요한 사실은 단군신화의 원형과 근본 사상은 불교나 도교 이전에 형성되었다는 사실이다. 다시 말해 호랑이와 곰의 이야기는 도교나 불교가 이 땅에 들어오기 이전부터 우리 민족 고유의 정신적 공감의 일단으로 표현된 것이다. 이 점이 우리 겨레얼의 원형으로서 단군신화의 특징이다. 따라서 현재를 사는 우리가 단군신화의 의의와 가치를 재인식하고 공감하는 것은 한국적 정신, 더 나아가 한국적 정신문화 차원에서 상당한 의의를 지닌다고 할 수 있다.

뿐만 아니라 단군신화는 우리 민족이 수난을 당하고 위기에 처할 때마다 민족의 단결과 화합을 가능하게 하는 구심점 역할을 담당해 왔고, 앞으로도 지속적으로 그와 같은 의미와 가치를 유지해 나갈 것이다. 그리고 홍익인간은 그 근원적 사상이 될 것이다.

신화의 종교화

한편 단군을 신앙의 대상으로 삼아 종교로 발전한 것이 한국 근대기에 등장한 대종교(大倧敎)이다. 대종교는 1909년 홍암(弘巖) 나철(羅喆)의 주도로 성립되었다. 한국 민족의 기원 신화라고 할 수 있는 단군신화에 사상적 연원을 두고 있기에, 단군을 받들면서 한국인이 오랫동안 견지해 온 사상과 철학을 교리화하고 있다. 교리가 어느날 새롭게 만들어진 것이 아니라는 의미에서 대종교는 '창시'하였다는 말보다는 '중광(重光)'하였다는 표현을 쓴다. 면면히 내려오는 민족 신앙을 다시 밝힌다는 차원에서이다.

대종교에서는 '대종(大倧)'을 천신(天神)의 의미로 사용한다. 여기서 대(大) 자는 천(天)과 통하며 우리말로 하면 '한'이 되고, '종(倧)'은 신과 인이 합쳐진 글자로서, 우리말로는 '검[神]' 또는 '얼'이 된다. 즉, '대종'이라는 말 속에는 한얼님이 사람이 되어 이 세상을 널리 구제하기 위해 내려오셨다는 의미가 들어 있다. 오늘날 개천절은 바로 이 대종교에서 행하던 의식이었으나 광복 후 정부에서 개국에 관한 국경일로 정한 이래 지금까지도 지속되고 있다.

이렇게 대종교에도 단군에 대한 존중과 숭배의 정신이 들어 있다. 단군신화가 오랜 세월 동안 한국 사회에 지대한 영향을 끼쳐 왔다는 뜻이기도 하다. 단군신화는 한국인의 문화적 심리 혹은 한국인의 무의식 속에 녹아 있으며, 대종교에서도 드러나고 있듯이, 한국적 정신

강화 참성단 •————————————————————————

단군이 제천의례를 했다고 전해지는 곳이다. 지금도 해마다 개천절에 제천행사가 거행되며, 전국체전의 성화는 이곳에서 태양열을 이용하여 붙이고 있다.(인천 강화군 소재, 출처: 문화재청)

과 문화의 핵심 요소로 작용해 온 원형적 신화라고 할 수 있다.

철학자이자 종교학자인 나카자와 신이치가 말하고 있듯이, "학교 교육에서 가르치고자 하는 지식의 대부분은 기껏해야 100년에서 150년 전부터 현재까지에 해당하는 '근대(modern)'에 축적된 지식에 불과하다. '철학'의 경우도 그리스에서 발생한 이후로 2500년 정도의 역사밖에 갖고 있지 않다. 하지만 '최초의 철학'인 신화는 적어도 대략 3만여 년에 걸친 기나긴 역사를 갖고 있다. 그 오랜 기간에 인간이 축적해 온 지혜와 지성이 신화에는 보존되어 있다. 신화도 끊임없이 변화와 변형을 이루어 왔지만, 그 중심 부분에는 맨 처음에 타올랐던 철학적 사고의 마그마의 열이 아직도 보존되어 있다. 그렇기 때문에 신화를 배우지 않는다는 것은 곧 인간을 배우지 않는 것과 같다."

이처럼 신화가 인류 최고의 철학이라는 주장에 동의한다면, 한국인에게 단군신화는 한민족 최고의 철학이 된다. 이를 소홀히 취급하고 등한시한다는 것은 우리 민족 최고의 가치를 부정하는 일이 된다. 겨레얼을 다룰 때 단군신화를 빼놓을 수 없는 이유도 여기에 있다. 신화에는 겨레의 원형에 해당하는 것이 집약되어 있다. 신화는 겨레가 수용해 온 다양한 사상과 문화의 보고인 것이다.

04.

풍류도, 신명, 정한

다양성의 근원

　　신화에서 보여주듯이, 한국인은 민족의 근원을 상상해 왔으며, 그 상상의 내용을 잘 풀어 보면, 한국인은 하늘·땅·인간이 절묘하게 조화되고 화합하는 정신을 최고의 가치로 여겼음을 알 수 있다. 다양한 사상을 수용하는 능력으로 불교와 유교 등 외래의 사상과 문화를 수용해 왔다는 사실도 알 수 있다. 그렇게 해서 겨레얼이라 할 만한 것이 형성되어 왔으며, 동시에 그 겨레얼이 불교와 유교 등 다양성을 흡수했다고도 할 수 있다.

　겨레얼의 기본 능력은 '수용'에 있다. 다양성을 수용하여 자신의 것으로 소화하는 능력은 한국적 정신의 근간이다. 문화를 단순한 명사로 취급하지 않고 언제나 변화하고 생성하면서 형성되어 가는 동사로 파악한다면, 그 변화와 형성의 주체가 바로 겨레얼이라고 할 수 있다. 겨레얼은 다양성을 수용하고 겨레에 어울리게 변화시키는 주체이다. 그런 점에서 '얼'은 일종의 '힘'이다. 다양성을 수용하고 변화시키는 원천이자, 그 변화에 보이지 않는 질서를 부여하는 통일적 힘이다. 의식히든 의식하지 못하든 다양한 사람들이 여러 차원에서 그 근원적이고 통일적인 힘을 설명해 왔다.

가령 종교학자 유동식이 영성우주가 시공우주의 본체이고, 개인 안에 존재하는 영성우주가 '얼'이며, '얼'은 민족적 차원에서 '풍류도'로 현현해 왔다고 말할 때, 그 영성우주, 얼, 풍류도는 다소 종교적인 표현들이기는 하되, 겨레얼에 대한 우주적 · 개인적 · 사회적 차원의 표현에 해당한다.

이 얼은 다양한 변화를 산출하며, 현상적 다양성의 근원이다. 한 사회의 근간이 되는 얼에는 초월적 깊이가 있다. 한 사회 안에서 종교가 형성되고 성립되려면 이 깊이의 차원과 연결되어야 한다. 이 깊이가 인간 안에서 '궁극적인 관심사'로 드러나고 작용할 때, 그것을 '종교적인 것'이라 부른다. 그리고 그 '종교적인 것'이 사회화하면서 제도로서의 종교도 성립된다. 한 사회 안에서 제도화되어 일정한 영향을 행사하는 종교치고 이 깊이에 기초를 두지 않은 것은 없다. 초월적 깊이 안에 제도 종교의 뿌리가 있는 것이다.

물론 그 제도 속에 이 깊이가 갇혀 버리는 것은 아니다. 그만큼 깊기 때문이다. 워낙 깊기에 흔히 근저라는 말로, 혹은 그 어떤 외적 표현으로도 제한되지 않기에 초월이라는 말로도 표현되는 이것은 종교성의 다른 이름이기도 하다. 다양한 종교적 현상들 속에서 가장 종교적인 것을 추상화해 낼 수 있다면, 끝없는 변화를 가능하게 하는 얼이야말로 한국적 종교성의 다른 이름인 것이다. 이 얼을 기준으로 보면,

이른바 유교·불교·기독교 등은 사실상 유교문화, 불교문화, 기독교문화라고 불려야 할 것들이 된다. 모두 한국적 정신 혹은 겨레얼의 다양한 표현들이라고 할 수 있다.

겨레얼이라는 말은 혈통적 단일주의에 제한되지 않는다. 얼의 표현 방식, 얼이 스스로를 드러내는 방식은 실로 다양하다. 최근 이야기되는 '다문화'라는 말이 정책적 혹은 정치적 차원에서 주로 사용되고 있지만, 필연적으로 문화는 자기 안에 다양성을 포함한다. 문화는 늘 다문화이다. 한국에 이주해 온 외국인들의 혈연적·민족적 다양성을 염두에 둔 '다문화'라는 말이 부각되고는 있지만, 근원적인 차원에서 문화는 늘 다양한 외적 형식을 지닌다. 얼이라는 심층이 스스로를 드러내는 방식 자체가 다양하기 때문이며, 얼은 특정 표현 방식에 제한되지 않을 만큼 깊기 때문이다.

얼은 기독교, 불교, 유교 등의 종교는 물론이고 그 밖에 차별적인 이름들로 불려 온 배타적 인간 집단 안에 갇히지 않는다. 다양한 제도 종교들은 겨레의 얼을 가시화시켜 주는 부분적 형식은 되어도, 그 형식을 형식 되게 해 주는 실체, 즉 '얼'을 독점하지는 못한다. 다양한 종교들은 얼이라는 보이지 않는 뿌리에서 솟아오른 가지들과 같기에, 여러 가지들의 근본에는 질서와 통일이 놓여 있는 것이다. 우리의 주제로 하면 그것이 '겨레얼'이다.

홍익인간의 빈틈

그동안 많은 학자들이 이러한 문제의식을 가지고 우리 거레가 공유하고 있는 가치와 정신을 연구해 왔다. 그리고 상당수가 그에 동의하고 있다. 그동안의 연구 결과들을 요약해 보면 앞에서 본 대로 단군의 홍익인간 정신과 사상이야말로 한국의 정신이라는 것이 대체적인 중론이다. 이들에 따르면 이러한 정신이 한민족이 생겨날 때부터 있었고 그 뒤로도 면면히 흘러 지금까지 내려왔다고 한다. 그런가 하면 불교계에 속한 학자들은 한국의 혼이라고까지 명시하지는 않지만 비슷한 맥락에서 한국 불교에는 회통 정신이 흐르고 있다고 주장한다. 그리고 그 비근한 예로 원효의 화쟁(和諍) 사상을 들곤 한다. 이러한 분석들은 거레얼의 핵심을 정리할 때 대단히 중요하다.

하지만 그것으로 끝내서는 안 된다. 거레얼에 대한 좀 더 솔직하고 심층적인 평가와 이해가 시도되어야 한다. 거레얼에 대한 그동안의 이해에는 피상적이거나 그냥 전제해 버리고 마는 부분이 적지 않기 때문이다. 거레얼의 고유성만을 강조하면서 다른 지역과의 차별성을 부각시키기도 했다. 그러나 거레얼의 내용이 정말로 다른 지역과 국가 혹은 민족의 정신과 그렇게 다르기만 한지는 좀 더 냉정한 평가가 필요하다. 이에 대해 홍익인간 사상을 다시 한 번 예로 들어 보자.

홍익인간은 단군의 아버지인 환웅이 세상에 내려올 때 가져온 사상이라고 한다. 전술했듯이, 그 뜻은 '널리 인간을 이롭게 한다'는 것이다. 좀 더 풀면, 사람 사는 세상이 더 사람답게 되도록 두루 돕는다는 것이다. 물론 그 말 자체는 옳고 또 좋다.

하지만 홍익인간 안에는 인간을 이롭게 하되, '어떻게' 인간을 이롭게 한다는 것인지 그 구체적인 내용이 들어 있지 않다. 방향 제시가 없다. 유교처럼 효(孝)로 시작하는 인(仁)의 개념이 있는 것도 아니고, 불교처럼 지혜를 닦아 이 생사고해에서 벗어나겠다는 의미가 담겨 있지도 않다. 기독교처럼 구세주 신앙으로 죄에서 벗어나야 된다는 의미도 물론 없다. 유교, 불교, 기독교와 같은 종교들에서는 인간을 이롭게 하기 위한 명확한 방향성을 제시하고 있다.

물론 홍익인간에는 재세이화(在世理化)라는 수식 문장이 붙어 있다. 재세이화는 '세상에서 이치로 교화한다'고 해석되곤 하는데, 이것도 사실상 표현이 좀 막연하다. 가장 중요한 개념은 '이(理)' 혹은 '이치'인데, 더 이상의 설명이 없어 이(理)가 무엇인지, 어떤 이치를 말하는지 도무지 알 수가 없다. 또 이화(理化)는 이치를 설명하는 것이라기보다는 '다스리고(理) 교화한다(化)'는 의미로 보는 것이 더 타당하다고 할 수도 있다. 하지만 그렇더라도 '어떻게' 다스리고 교화한다는 것인지, 그 '어떻게'가 빠져 있기는 마찬가지이다. 과연 어떻게 인간을 이롭게 하고 세상에서 다스리고 교화한다는 것일까.

어떤 학자의 주장에 따르면, 홍익인간 이념을 실천하기 위해 환웅이 곡식 · 질병 · 형벌 · 선악 등을 주관했다고 한다. 추상적인 개념이 아니라, 인간의 현실적인 삶을 중시한 결과라는 것이다. 그러나 이런 해석 역시 구체적이거나 독특하지 못하다. 인간이 사회를 이루며 사는 곳이라면 당연히 먹어야 하고 법률이 등장해야 하며 복지 문제가 해결되어야 하는 것은 당연하다. 환웅이 곡식을 풍성하게 하고 질병을 다스리며 선악을 주관했다는 부연 설명도 일반적인 것이다. 그런 점에서 홍익인간이라는 말에는 다소 '빈틈'이 있다.

홍익인간 사상을 옹호하는 사람들은 단군신화가 조화나 통합 정신을 잘 나타내 준다고 주장한다. 그 근거로서 단군신화에는 다른 신화처럼 신들의 대립이 나타나지 않으며 신과 인간 사이에서도 갈등이 보이지 않는다는 것을 든다. 심지어는 곰과 호랑이가 같은 굴에 살면서도 대립하지 않는다. 이들에 따르면, 이런 정신이 바로 조화를 의미한다는 것이다. 그뿐만이 아니다. 더 나아가서 신(환웅)과 인간(웅녀)의 결합은 하늘과 지상의 통합을 의미하는 세계관을 보여준다고 한다. 나아가 이런 조화와 통합을 지향하는 홍익인간 정신이 원효의 화쟁(和諍) 사상, 불교의 '교선일치(敎禪一致)' 전통, 유·불·도(儒佛道)를 통합한 동학 등에까지 이어졌다고 주장하기도 한다.

충분히 가능성이 있는 해설이고 주장이다. 하지만 이러한 주장을 구체적으로 뒷받침하기는 쉽지 않은 것도 사실이다. 이때 이런저런 논리를 가져와 신과 인간의 결합 같은 개념을 논증한다 해도 이러한 주장은 다른 신화에서도 발견되는 보편적인 사상이기도 하다. 그런 점에서, 신(환웅)과 인간(웅녀)의 결합이 단군신화의 골자인 것은 분명하지만, 그렇다고 해서 단군신화에만 나오는 고유한 사상이나 개념이라고 할 수는 없다. 그런 마당에 이런 보편적인 개념이 불교로 가서 화쟁 사상이 됐다든가 선교일치 운동에서 발현됐다고 한다거나 더 나아가서 수운의 동학에서도 보인다고 하는 것은 엄밀히 객관적으로 말하면 다소 무리이다. 홍익인간 정신이 화쟁 사상이나 교선일치로까지 나아갔다는 사실은 가능한 주장이지만, 그에 대한 연구가 더 많이 필요한 시점이다.

그리고 홍익인간 사상이 후세에까지 전승되려면 구체적인 매개체가 필요한데, 즉 그 이념을 구현하는 기관이나 사람이 있어야 전승이 가능한데 우리에게 그런 기관이나 사람이 얼마나 있었는지도 다소 불확실하다. 예를 들어 불교나 유교가 이 땅에서 수천 수백 년간을 이어올 수 있었던 것도 그 이념을 관장하고 이끄는 기관이나 사람이 있었기 때문에 가능했던 것이다. 그런데 단군 계통에는 이러한 매개체가 거의 없다. 따라서 홍익인간 사상은 단군신화에서 그칠 뿐이고 그 사상이 이후의 세상에서 어떻게 작동되어 왔는지 구체적인 모습을 찾고, 그 사상이 한국 사회에 어떤 식으로 영향을 끼쳐 왔는지 살펴보기 힘들다. 그런 정신을 연결해 주는 매개체의 설명 없이 신라의 원효뿐만 아니라 시대가 한참 떨어져 있는 한말의 수운 최제우에게도 영향을 주었다는 것은 다소 논리적 비약이라고 할 수 있다.

게다가 원효나 수운이 했던 시도는 그들에게서만 드러나는 것이 아니라 다른 나라, 특히 중국의 종교 사상가들에게서도 많이 발견되는 일이다. 예를 들어 삼교회통 사상을 우리의 고유의 것으로 삼기에는 중국에서 전진교(全眞敎)를 세운 도교의 불세출의 영웅 왕중양(王重陽)이나 명대의 사상가인 임조은(林兆恩)을 능가할 만한 사상가가 없다. 한국에서는 삼교회통 사상이 수운처럼 아주 늦게 나타나지만 중국에서는 적어도 12세기에 해당하는 금(金) 대에 이 사상이 나타난다. 따라서 화쟁 정신이나 통합 정신은 중국에도 있던 것이니, 한국만의 독특한 사상이라고 단정할 수 없는 것이다.

그렇다면 굳이 우리에게만 있는 것을 찾으려 한다면 무엇이 있을까? 이때 중요한 것은 그런 것이 과거에 있던 것으로 그치면 안 된다는 것이다. 과거에 존재한 매우 중요한 사례이지만 그것이 지속되지 않고 단절되었다면 우리에게는 별 의미가 없다. 예를 들어 신라 때 기독교의 네스토리우스파인 경교가 들어왔다든가 고려 시대에 도교 사원이 궁 안에 만들어졌다든가 하는 것은 과거의 사실에 불과할 뿐이다. 이렇게 들어온 과거의 기독교나 도교가 현대의 우리에게 어떤 영향을 미쳤는지 분석할 수 없다면, 그것이 오늘날 한국인들에게 실질적 의미가 없다는 뜻이기 때문이다. 따라서 그런 것들을 현대 한국의 얼이나 정신의 내용으로 삼기에는 아쉬운 부분이 많다는 것이다.

포함삼교와 접화군생

그러면 고대부터 지금까지 어떤 형태로든, 어떻게 변형

이 일어났든 지속적으로 한국인의 정신세계에 영향을 준 사상은 도대체 무엇일까? 아니 그 정체를 먼저 묻기보다 그런 것이 존재하는지부터 물어야 할 것이다. 단도직입적으로 말해 만일 그런 것이 있다면 그 가장 적합한 후보는 최치원(857~?)이 말하는 '풍류(風流)'가 아닐까 한다. 아주 잘 알려진 것처럼 최치원은 난랑비 서문에서 이렇게 말한다.

> 나라에 지극히 오묘한 도(道)가 있으니 풍류(風流)라 한다. 풍류(風流)는 종교의 근원인데 선사(仙史)에 상세히 기록되어 있다. 이 도는 유불선 삼교를 포함하고 있으며 만물과 접해 교화한다. 충효를 숭상하는 것은 공자의 가르침과 같고 지극한 자연스러움(無爲)을 추구하고 말 없는 가르침을 행하는 것은 노자의 가르침과 같고 악을 행하지 않고 선을 받들어 행하는 것은 부처의 가르침이다.

이 풍류도에 대해 그동안 많은 말들이 오갔지만 대체로 이능화가 말하는 '신교(神敎)'라고 보는 것이 타당할 것 같다. 그리고 그 실체는 한마디로 '무교(巫敎)'라고 보아야 한다. 그러므로 한국의 역사 초기부터 있었던 사상 혹은 종교는 무교인데, 이것을 최치원은 풍류도라고 했고 이능화는 신교라고 부른 것이라고 보자는 것이다.

무교가 이처럼 역사 초기부터 있었다는 것은 잘 알려진 것처럼 그것이 단군에서부터 비롯되었기 때문이라고 할 수 있다. 단군이라는

고운 최치원 동상 ●━━━━━━━━━━━━━━━━━━━━━━━━━

최치원이 화랑난랑비서문에 남긴 풍류에 대한 묘사가 없었다면 한국 고대의 겨레얼이 어떤 것이었는지 밝히기는 불가능했을지 모른다.(부산 해운대 동백섬 소재)

말은 어원적으로 하늘과 땅을 연결시켜 주는 몽골어 텡그리(Shaman)에서 비롯되었다. 즉, 오늘의 언어로 하면 무당이었다는 말이다. 단군만 무당이었던 것이 아니라 신라를 세운 박혁거세나 그의 아들인 남해차차웅 그리고 그 딸(남해의 동생)도 무당이었다. 이것은 한국의 초기 역사에서 무교가 차지하는 비중을 잘 말해 준다.

그런데 이 풍류도(혹은 신교)와 관련해서 문제가 되는 것은 풍류도의 내용 전승이 지나치게 소략하다는 것이다. 기껏해야 위 인용문의 '포함삼교 접화군생(包含三敎 接化群生)'이 전부인 상황이다. 이 열악한 상황에도 우리는 풍류의 의미를 천착해 가야 하는 것이다. 이때 '삼교를 포함하면서 만물과 접해 교화한다'는 뜻은 과연 무엇일까?

특히 접화군생이라고 할 때 이 접화와 군생이라는 단어의 개념이 문제인데 그동안은 '만물(군생)과 접해 교화한다'는 해석이 지배적이었다. 앞 인용문에서도 이러한 일반적 해석을 따랐다. 이에 비해 역사학자 이이화는 다소 다르게 푼다. '조화(接)시켜(化) 떨기(群)로 나게 했다(生)'는 의미라는 것이다.

(접화군생을) 조화(接)시켜(化) 떨기(群)로 나게 했다(生)로 보는 것이다. '떨기로 나게 했다'는 것은 여러 이파리가 조화를 이루어 하나의 완성된 꽃이라는 실체로 우리 앞에 나타나는 것과 같다는 것이다. 유불선이라는 이파리들이 모여 한 송이의 꽃이 되는 풍류교가 되었다는 말이다. 그렇게 해서 삼교(三敎)의 내용을 단순한 인용이나 조립이나 나열이 아닌, 완성된 별개의 새로운 작품으로 만들었다는 말이 성립된

다. 이런 모습이 바로 한국인의 사유이며, 외래의 것을 수용하는 합리적 정신의 산물이다.

접화군생에 대한 독특한 해석을 보여주고 있는 것은 분명하다. 이때 중요한 것은 공자와 노자와 부처의 사상을 단순한 인용이나 조립이나 나열이 아닌 새로 완성된 별개의 작품으로 만들어 내는 능력이다. 그 능력이 우리나라에 전부터 있었다는 것이다. 그것이 있었기에 오늘날까지 유구한 역사를 이어 올 수 있었다는 말이다. 17년간 유학 생활과 관료 생활을 하면서 당나라에서도 탁월한 학자로 이름을 떨쳤던 최치원이 귀국 후에 떠올렸던 신라적 정신은 다양한 문화를 피워 낼 수 있는 포함삼교(包含三敎)의 정신이었다. 아마 최치원 자신도 자신 안에서 다양한 사상과 문화를 포함해 내는 정신이 살아 있음을 느꼈던 것이 아닐까.

이때 포함이라는 말은 두 가지 한자, 즉 '包含'과 '包涵'으로 구분된다. 포함(包涵)이 여러 가지 것들이 물리적으로 뒤섞여 있는 상태라면, 포함(包含)은 화학적으로 융합되어 있는 상태에 가깝다. '삼교를 포함한다(包含三敎)'는 말은 유·불·선이 별개로 나열되어 있는 상태가 아니라, 유·불·선을 화학적으로 녹여내고 있다는 뜻이다. 그렇게 화학적으로 녹여내고 있는 자세와 정신이 신라가 그 이전부터 견지해 온 깊고 묘한 도(道), 즉 풍류(風流)라는 것이다. 우리 주제로 바꾸면 신라식의 겨레얼인 셈이다.

그렇다면 한국인은 사상적, 문화적 다양성을 어떻게 수용하고 녹여내 온 것일까. 겨레얼의 입체적 정리를 위해서 외래 사상이 한국에 수용된, 아니 한국인이 외래 사상을 수용한 역사적 과정을 정리할 필요가 있다.

불교의 수용과 전개

        먼저 한국인이 유교를 언제 정확하게 받아들였는지는 명확하지 않다. 아마도 대체로 고조선이 망하고 한사군이 설치되었을 때일 것으로 추측되지만 유교의 수입은 그 당시로서는 한국 사회에 그다지 큰 반향을 일으키지 않았다. 그에 비해 불교는 기록상으로는 372년에 고구려 소수림왕 때 처음 들어온 것으로 되어 있고, 백제에는 그로부터 12년 뒤인 침류왕 원년(384년)에 소개된 것으로 되어 있다. 신라는 고구려와 백제를 통해 중국의 불교를 받아들였다. 물론 실제로는 그보다 더 이전으로 판단되지만, 정확한 연도를 알기는 어렵다. 삼국시대 초기의 불교 형태가 어떤 것이었는지도 정확히 알기 힘들다.

    이때 중요한 것은 이런 두 종교가 한국에 들어온 다음 한국의 종교는 크게 볼 때 두 층으로 나뉘어 전승되었다는 사실이다. 여기서 말하는 두 층이란 상층과 기층을 가리킨다. 이 가운데 상층은 외부로부터 들어온 종교를 신봉하고 있었던 반면 기층은 신교(神敎)를 신봉하고 있었을 것이다.

그런데 이 두 층은 전 역사 동안 별 교류 없이 따로따로 전개된 것 같다. 상층이 신봉한 보편적인 사상 중심의 엘리트적인 종교와 기층이 따른 풍류도적인 신명(神明) 사상이 거의 교류 없이 평행선을 그으며 조선 후기까지 내려왔다는 것이다. 쉽게 말해서 불교의 승려들이나 유교의 양반들은 고매한 불교 사상이나 유교 사상을 논하면서 그들만의 세계에서 살고 있었고 기층의 민중들은 무교적인 세계관 속에서 기복과 신명을 한껏 누리며 살았다는 것이다. 이 두 흐름은 극히 소수의 예외를 제외하고 서로의 길을 갔다. 그러다 이 두 흐름이 만나게 되는데 그것은 한말의 동학과 그것을 필두로 해서 일어난 신종교 운동에서였다.

신종교가 발생하기 이전에 우리가 볼 수 있는 것은 자료의 제약상 어쩔 수 없이 상층의 종교들일 수밖에 없다. 기층 종교의 기록은 극히 한정되었기 때문이다. 그러면 상층 종교 가운데 불교는 어땠을까? 불교 유입 후 한국 종교발달사는 대체로 두세 개의 전환점을 중심으로 전개된 것으로 보인다. 첫 번째의 전환점은 말할 것도 없이 불교의 유입과 융성이다. 왜냐하면, 불교가 유입되었다는 사실 자체가 단순히 종교적 사상이 들어왔다는 정도에 머무는 것이 아니라, 당시 선진 사상과 문화가 전반적으로 소개되었다는 뜻이기도 하기 때문이다.

한국 사상사나 종교사를 보면, 신라나 고려는 불교 일색으로 되어 있는 것을 알 수 있다. 조선 후기 이래 프랑스, 미국 등지에서 들어온 가톨릭과 개신교를 포함한 그리스도교 전통이 단순히 종교 생활의 영역에만 영향을 준 것이 아니듯이, 삼국시대의 불교 역시 선진 사상과 문화의 총체로 받아들여졌다. 불교는 한국에 신체적 죽음 너머의 세계를 알려 주었고, 종교적 삶이라는 것이 무엇인지 그 정수를 알려 주었다. 불교가 한국의 문화, 정신세계에 끼친 영향은 한국 역사와 문화 안에서 별도로 구분해 볼 수 없는 상황이다. 신라 시대의 원효(元曉)와 의상(義湘), 고려 시대의 의천(義天)과 지눌(知訥), 조선 시대의 서산(西山)과 사명(四溟), 근대의 만해(卍海)를 비롯해 한국의 대표적인 사상가들 절반 이상이 불교 승려라는 사실, 그리고 한국의 대표적인 문화재 7할 이상이 사찰이라는 사실이 그것을 보여주는 예들이다.

그런데 기록되어 있는 내용을 보면, 대부분 승려들을 중심으로 그들의 고매한 철학 사상을 논하는 것이 전부이다. 연구자들도 그렇게 할 수밖에 없는 것이 남아 있는 문헌이라고는 승려들의 연구나 그들과 연관된 일화밖에 없기 때문일 것이다.

그중에서 한국의 전체 불교사에서 가장 주목할 만한 시기는 신라의 삼국 통일을 전후로 한 시기이다. 이때 그 정확한 연유는 알 수 없지만 한국 불교사상 가장 훌륭한 승려들이 무더기로 나온다. 그중 원효가 가장 수승한 승려라는 것은 말할 것도 없다. 그가 남긴 저술은 110여 부 240권이라는 방대한 양인데 그가 경전에 주석을 달면 당나라의 승려들은 해동소[疏]라고 높이 평가했다. 『금강삼매경소』는 워낙 수준이 높아 당나라 승려들이 『금강삼매경론』으로 격상시킨 것은

원효대사 동상 •————————————————————

원효의 사상에서 다양한 사상을 하나로 녹여내는 한국인의 정신을 볼 수 있다.(서울 효창동 소재)

잘 알려진 사실이다. 이 외에도 원효가 쓴 『대승기신론소』나 『화엄경소』 같은 저작들도 중국 승려들에게 높은 평가를 받았다. 이렇게 이 시기에 원효를 필두로 해 학문이 뛰어난 승려들이 대거 나타난다.

그 가운데 우선 언급해야 할 사람은 중국 화엄종의 3대 조사가 될 뻔했던 의상이다. 의상이 만일 신라로 돌아오지 않았다면 그는 화엄종의 수장이 되었을 것이다. 그는 귀족 출신이었지만 결코 권승처럼 행동하지 않았다. 그것은 그의 문하에 노비 출신 '지통'이나 빈민 출신 '진정'이 제자인 것으로 알 수 있다. 의상의 이러한 뛰어난 업적으로 말미암아 『송고승전』에서는 별개의 장으로 「의상전」을 만들었다.

그 다음으로 언급되어야 할 승려는 원측이다. 그는 신라에서 태어났지만 중국에서 생의 대부분을 보냈고 그곳에서 죽었기 때문에 한국 측 자료에는 잘 나타나지 않는다. 그래서 그에 대한 기록은 『송고승전』에만 보이는데 그는 유명한 『서유기』에도 등장하는 삼장법사 현장의 제자이다.

그는 현장이 소개한 유식론을 비판적으로 해석해 현장의 수제자인 규기보다 앞서서 독자적인 주석서를 냈다고 한다. 이 때문에 중국 승려들에게 질시를 받았다고도 한다. 그의 책 중에 『해심밀경소』는 티베트어로 번역되어 그쪽 대장경에 실릴 정도로 그의 실력은 국제적으로 인정받았다. 그의 제자 격에 해당하는 신라의 대현 역시 대단한 승려이다.(원측의 제자였던 신라인 '도증'이 대현의 스승이다) 대현은 법상종의 시조였는데 중국 승려들이 연구할 때 유식론에 대한 그의 저작을 많이 참조했다고 한다. 그 외에도 이때 활약한 승려로는 밀교인 신인종을 세운 명랑, 앞에서 거론한 현장의 문하에서 4대 제자로 인정받던 신라의 신방이나 도륜도 들 수 있겠다.

지금 인용한 승려들이 대단하다는 것은 이들을 중국 승려들과 비교해 볼 때 대등하거나 더 수승했기 때문이다. 당시 중국 불교의 교학 수준은 인도와 더불어 세계 최고였을 것이다. 그런데 신라의 승려들이 이들을 능가했다고 하니 이것은 세계 최고라는 의미가 된다. 한국 사상사에서 중국을 능가하는 사상가들이 나온 경우는 과문한 탓인지 몰라도 이때가 유일한 것 같다. 이들 이후의 신라 시대에도 이런 걸출한 사상가가 나오지 않았을 뿐만 아니라 고려 시대에도 사정은 마찬가지였다.

물론 고려 시대에는 지눌이나 의천과 같은 뛰어난 승려 사상가들이 있었다. 그들을 통해 고려 시대 불교 수준의 탁월성을 가늠할 수 있다. 하지만 이들의 학설이 중국을 능가할 정도는 아니었던 것 같다. 이들의 책이 중국에서 탁월하게 인정을 받았다는 기록이 없기도 하거니와, 교학적으로도 중국의 불교학에 앞섰다고 보기도 힘들다. 고려가 불교 국가이기는 했지만, 신라 불교를 능가했다고 말하기도 힘들다. 고려의 불교문화나 사상은 대부분 신라 불교의 연장으로 보아도 크게 틀릴 것 같지는 않다.

범어사 의상대사 •———————————————

범어사에 소장되어 있는 그림으로, 신라시대의 승려인 의상대사의
초상화이다.(출처: 문화재청)

불교와 풍류의 관계

어떻든 이렇게 불교가 한국의 전 역사 동안 사상적으로 융성하게 된 데에는 얼마든지 더 부연 설명할 수 있다. 하지만 이 글은 그걸 보려는 것이 아니니 에서 그쳐야겠다. 왜냐하면 불교가 아무리 융성했어도 이들의 사상이 겨레얼의 핵심이라 할 만한 이른바 풍류도와 큰 관계가 없기 때문이다. 다시 말하면 신라나 고려의 승려들이 행한 연구는 동북아시아의 지식인이면 누구나 할 수 있는 일이지 한국인이 아니면 할 수 없는 그런 고유한 것은 아니라는 것이다. 이들은 한국적 사상가가 아니라 한국에서 태어난 세계 사상가라고 보면 가장 무난할 것 같다. 따라서 이들의 사상에서 한국성을 추출한다는 것은 그리 쉬운 일이 아니다.

이들 가운데 가장 출중한 사람은 말할 것도 없이 원효이다. 그리고 그의 사상 중에 가장 각광을 받는 것은 그의 저작 『십문화쟁론』에서 추출한 화쟁론이다. 앞에서 말한 것처럼 한국 사상사를 연구하는 이들 가운데에는 원효가 이 화쟁론에서 표방하는 원융 사상이야말로 한국 사상의 정수라고 주장하는 사람이 있다. 이 원융 사상이 원효에서 발효되어 그 뒤에도 계속해서 이어졌다는 것이다. 예를 들어 원효가 중론과 유식학을 통합하는 화쟁 사상이 나중에 선종과 교종이 합일되는 데에도 작용했다고 주장하는 것이 그것이다.

그러나 원효가 이처럼 다양한 종파들을 사상적으로 융합했던 것은 한국이라는 토양이 있었기에 가능했던 것이 아니다. 동북아 불교에서 이러한 회통 시도는 진작에 그리고 자주 있었다. 중국이든 일본이든 이렇게 각기 다른 종파들을 통합시키려는 시도가 많이 있었다는 것이다. 예를 들어 중국을 비롯한 동북아시아의 불교 사상계에는 선과 화엄을 융합한다든가 심지어 선과 정토종을 융합시키려는 시도가 꾸준히 있었다. 따라서 이런 정신을 원효, 더 나아가서 한국에만 통용되는 정신으로는 볼 수 없다.

그런데 원효가 다른 승려들과 달랐던 점이 있다. 원효에게서는 풍류도와 상통하는 바가 발견된다는 점에서 그렇다. 이러한 경향은 그의 저작이 아니라 그의 행동에서 발견된다. 잘 알려진 것처럼 그는 화엄경에 주석을 달다 승려 생활을 접고 민중 속으로 들어간다. 그러고는 이 방면에서 선배 격에 해당되는 '혜숙'이나 '혜공'처럼 무애박을 차고 무애가를 부르며 또 무애무를 추면서 시정 사람들과 어울렸다. 『송고승전』의 「원효전」을 보면 그는 술집과 유곽을 드나들고 광대의 칼이나 봉을 갖고 다니며 악기를 연주했다고 한다. 물론 명상을 하기도 하고 화엄경의 주석을 쓰는 일도 잊지 않았다. 여기서 중요한 것은 원효가 노래를 부르고 춤을 추면서 교화했다는 것이다. 노래와 춤은 풍류 정신의 핵심이다. 물론 그는 이것을 불교 포교의 방편으로 생각했겠지만 어떻든 가무를 통해 그는 신명을 느꼈을 것이다. 원효가 이렇게 할 수 있었던 것은 그에게 전범이 있었기 때문이다. 앞에서 본 혜숙과 혜공, 대안 등이 그런 승려인데 이들은 민중들과 함께하면서 음주가무를 즐긴 것으로 알려져 있다. 그 가운데에서도 혜공이 가장 특이한데 그는 신분이 미천했지만 출가해 중이 된다. 그런데 그는 매일 미친 사람처럼 술에 취해 있었고 길에서 가무를 했다고 한다. 이런 그에게 원효는 연구하다 모르는 것이 나오면 물었다는데 이것으로 보면 그의 학식이 대단했던 모양이다. 민중적 승려들의 이런 모습에서 우리는 단편적이나마 신명을 일으키는 풍류 정신을 읽을 수 있다.

그 뒤에 나오는 불교 사상가들에게서는 이때만큼의 활발한 모습이 보이지 않는다. 물론 고려에도 지눌이 있었고 천태종과 관계되는 체관이나 의천·균여·나옹·보우 등 많은 고승들이 있었지만 위에서 본 신라 승려들의 수준에는 미치지 못하는 것으로 보인다. 교학 수준도 그렇고 교화적인 면도 그렇다. 고려에서는 민중형 승려들이 역사 기록에 보이지 않는다. 그것은 고려 불교가 그만큼 생동력을 잃었기 때문일 것이다.

그런 까닭인지 고려 시대 승려들에게서는 풍류 정신이 잘 보이지 않는다. 풍류 정신을 굳이 찾는다면 불교의 의례인 팔관회에서 그 편린을 발견할 수 있을 것이다. 팔관회는 원래 계율을 지키면서 경건하게 하루를 지내자는 것인데 실상은 음주가무로 점철된 '파티'가 되었다고 하니 여기서도 한민족 고유의 신명이 발현된 것 아닌가 한다.

어떻든 고려에서 이 고유의 풍류 정신은 상층과 섞이는 것 같지 않고 기층으로 다져 들어간 것으로 보인다. 고려 시대에 무교가 얼마나 성행했는가는 고려 인종 때 기록을 보면 알 수 있다. 관에서 기우

제를 지냈는데 무당 약 300명이 지냈다는 기록이 있고, 이들이 다시 거리로 나와 또 굿을 했다고 하니 당시 무당들의 인기가 대단했던 것을 알 수 있다. 『동국이상국집』을 쓴 이규보가 "지금 나라에서는 왕명으로 모든 무당들을 멀리 가게 했는데 이 풍속이 없어지지 않는다"라고 불평할 정도였다. 그런데 개인적인 추단으로는 이렇게 서민층으로 파고들어 간 풍류 정신은 상층 문화의 수혈을 받지 못해서인지 생동적이기보다는 주술적인 구복을 하는 쪽으로 점차 기울었던 것으로 생각된다. 그리고 이러한 성향은 조선 말까지도 계속 이어졌던 것 같다. 이 상황은 이익이 『성호사설』에서 "임금이 거처하는 곳에서 주읍에 이르기까지 모두 주무(主巫)가 있어 마음대로 출입하니 민풍은 여전하다"라고 말하는 데에서도 알 수 있다. 고려 말에 이규보가 전한 것과 그다지 달라지지 않았기 때문이다.

이처럼 고려조 불교는 국시나 다름없었지만 그럼에도 민중 종교로 온전히 내려가지 못했다. 기층에는 불교적 사상이 자리 잡고 있었다기보다는 무교가 전승해 온 신명 같은 것이 중심을 이루어 왔던 것이다. 그 신명이 민중적 포용성의 근간이 된다는 뜻이기도 하다. 그 민중적 포용성을 가장 잘 나타내 주는 우리 정신이 풍류도이다. 그런데 이러한 풍류도에 대한 기록이 지극히 제한적인 것은 아쉽기 짝이 없는 일이다. 「신라문화와 풍류정신」을 쓴 김범부의 말마따나, '우리 민족의 고유 정신이라 할 수 있는 풍류도에 관한 서술이 이렇게 간략하게 그친 것은 천고의 유감'이라고 했던 것도 그런 심정일 것이다.

물론 이러한 상황에서도 풍류 관련 서술과 전승의 맥락을 하나씩 분석해 보면, 그 실체가 조금씩 드러난다. 김범부의 설명에서도 추측해 낼 수 있듯이 이 '접화군생'이라는 말 속의 '접화'에는 신령을 내려받아 그 영과 직접적으로 통하는 그런 엑스터시적인 성격이 포함되어 있다는 사실을 알 수 있다. 그런데 이처럼 신령을 받아 망아경으로 들어가는 이것이야말로 한국 '무교'의 핵심이다. 따라서 이 풍류도는 무교 안에 어떤 형태로든지 전승되고 있을 것이고, 우리는 무교를 통해서 이 정신의 편린(片鱗)을 알 수 있을 것이라는 추측이 가능해진다. 오늘날까지 이어지고 있는 무교와의 관계성 속에서 풍류의 현대적 맥락을 찾는 일이 중요한 이유도 여기에 있다. 풍류의 풍요한 의미를 확보하기 위해 논의를 좀 더 진행해 보도록 하자.

풍류도와 화랑도

이런 과정을 거치면서, 현대에 사는 한국인이 한국의 얼 또는 한국적 정신이라고 말하면서 가장 익숙하게 연상하는 낱말 가운데 하나가 풍류이다. 무당, 무교 같은 낱말들도 여기에 속한다. 그리고 아주 익숙한 단어가 또 하나 있다. 단체 혹은 집단을 의미하는 '화랑도(花郎徒)' 혹은 다른 한자어로 집단의 기본 정신을 의미하는 '화랑도(花郎道)'이다. 주지하다시피 화랑도는 신라 시대 청소년을 대상

● 고운 최치원의 월영대

최치원이 제자들을 가르친 곳이다. 최치원 사후 그의 학문과 인격을 흠모한 고려, 조선조 때 많은 선비들이 이곳을 찾으면서 선비들의 순례지가 되었다.(경남 창원 소재, 출처: 문화재청)

으로 조직된 심신 수련 단체로 국가 차원에서 제도적으로 조직하기나 지원을 받은 민간단체였다.

풍월주(風月主) 등으로 불렸고, '화랑'(花郎)이 일반적인 호칭이었다. 『삼국사기』「사다함전(斯多含傳)」에 "사람들이 청하여 화랑으로 받들기에 부득이 그것을 맡았다. 그 무리가 무려 1천 명이나 되었으나 모두 사다함을 따랐다"고 하는 기록이 있다. 이는 신라 진흥왕 27년(566)의 기록인데, 한 화랑을 따르는 낭도(郎徒)가 무려 1천 명이나 된 것을 보면 그 무리가 모두 귀족이라고 볼 수는 없고 평민의 자제도 포함되었던 것 같다. 따라서 화랑의 집단을 왕과 귀족 청소년들로 구성된 민간 교육 단체로 규정하는 데에는 무리가 따른다. 더불어 이 조직이 강제적으로 구성되었는지 자발적으로 모였는지도 이론은 분분하다. 『삼국유사』에도 화랑도의 명칭과 제도에 관한 기록이 다음과 같이 남아 있다.

> 대왕(진흥왕)이 명을 내려 원화(源花)를 폐지하여 여러 해가 되더니 다시 우리나라를 중흥하려면 반드시 풍월도(風月道)가 있어야 한다고 생각하게 되었다. 그래서 다시 영을 내려 양가(良家)의 남자 가운데 덕행이 있는 사람을 뽑아서 화랑(花郎)으로 바꾸어 부르게 하고, 설원랑(薛原郎)을 국선(國仙)으로 삼아 받들게 하였다. 이로써 화랑 국선이 처음으로 시작되었다. 다시 말해서 원화가 화랑으로 바뀌게 됨과 동시에, 첫 국선이 설원랑이다. 이를 기념하는 비(碑)가 강원도 명주(溟洲)에

세워졌다고 한다.

이렇게 볼 때 화랑의 전신은 원화(源花)이고, 설원랑이 화랑의 집단을 이끌던 첫 국선(國仙)이었다는 사실도 알 수 있다. 민간 청소년 단체로서의 화랑도는 다만 화랑과 그를 따르는 낭도(郞徒)로 이루어졌다. 그러다가 진흥왕 37년(576) 이후 국방 정책과 관련하여 이를 관에서 운영하게 되면서 조직이 체계화되었으며, 이들 화랑의 총지도자인 국선(國仙)을 두고, 화랑의 예하도 수 개 문호(門戶)로 구성하게 했다.

화랑도의 총지도자인 국선은 원칙적으로 전국에 1명, 화랑은 보통 3~4명에서 7~8명에 이를 때도 있었으며, 화랑이 거느린 각 문호의 낭도는 수백에서 수천 명을 헤아렸다. 국선·화랑·낭도의 자격에는 특별한 제한을 두지 않아, 남녀 계급·승속(僧俗)을 막론했다. 때로는 거리를 방황하던 천애 고아 미시랑(未尸郞)이 국선에 오르기도 할 만큼 인격과 덕망과 용의(容儀)만을 중시했던 것이다.

통설에 의하면 이 화랑도가 진흥왕 대에 이르러 처음으로 시작된 것은 아니다. 화랑도의 기원은 학자들에 따라 두레, 혹은 고구려의 조의선인(皂衣仙人) 등을 내세우고 있어 아직 정설이 확립되지 않았지만, 화랑도가 고대사회에서 독특한 형태로 발생한 것만은 사실이다.

이 밖에 화랑도의 기원 및 정체에 대해서는 몇 개의 설이 더 있다. 첫째, 소도제단(蘇塗祭壇)의 무사(武士)들이 '화랑도화'하였다는 설(신채호)이 있는데, 여기에서 소도(蘇塗)는 삼한 시대 하늘에 제사를 지내던 특수한 신성 지역, 곧 성지(聖地)를 뜻한다. 둘째, 조선 고유의 신앙단인 부루교단(敎團)에서 연유하였다는 설(최남선)이 있는데, 이 부루는 상고 조선에 고유한 신앙으로서의 태양숭배 곧 '밝은 뉘'(광명세계)가 변한 말이다. 셋째, 원시 미성년 집회에서 연유하였다는 설(이기백), 넷째, 무(巫, Shamanism)의 신라 시대 형태라는 설 등이 있다. 여기에서 그 주요한 특징적인 것을 뽑아 보면 제사·집단·무속 등이 나오는데, 결국 화랑도는 전통 신앙과 무속, 그리고 집단이 원형임을 알 수 있다. 따라서 화랑도는 이미 오래전부터 전해 오던 고유한 청소년 집단의 제의적(祭儀的)·군사적·교육적 집단이었다는 것이며, 이것이 신라 진흥왕 대에 이르러 현실적인 사회적 요구에 적합하도록 그 제도를 개선했다고 하는 것이 맞을 것이다.

이렇게 무속적인 제사를 지내고 군사적으로 단련하며 마음의 수양과 교육도 함께하는 화랑도에는 중국의 문사(文士) 집단이나 일본의 사무라이 집단과는 완연히 다른 독특한 우리만의 습속이 존재하였다. 그것은 전통 무속(巫俗)에 대한 신앙이고, 문(文)과 무(武)의 겸비를 위한 유교와 불교의 수양·학습, 이에 더해 개인의 수양과 단련을 통한 국가에의 봉사이다. 또한 서로 도의를 연마하고[相磨以道義], 서로 가악(歌樂)으로 즐겁게 하며[相悅以歌樂], 명산과 대천(大川)을 찾아 멀리 가보지 아니한 곳이 없으며[遊娛山川 無遠不至], 풍류를 즐겼다는 사실이다. 특히 명산대첩을 찾아 몸과 마음의 수련을 했다는 기록은 현대 한국 사회에 남아 있는 여러 지명들을 보아도 쉽게 확인할 수 있다.

예를 들면 강원도 속초에는 영랑호(永郎湖)가 있는데, 이 호수를 영랑호라 부르게 된 것은 『삼국유사』의 기록에 근거한 것이다. 신라의 화랑이던 영랑(永郎)이 술랑(述郎)·안상(安詳)·남랑(南郎) 등과 함께 금강산에서 수련을 마치고 명승지 삼일포에서 3일 동안 유람한 후, 각기 헤어져 동해안을 따라 서라벌(경주)로 돌아가는 길에 이 호수를 발견하게 된다. 명경과 같이 맑고 잔잔한 호수에 붉은 노을과 웅대한 울산바위와 범이 웅크리고 앉은 듯한 범바위가 호수에 잠긴 양 비치는 것에 매료된 영랑은 서라벌로 돌아가는 것도 잊고 머물러 풍류를 즐겼다. 그때부터 이 호수를 영랑호라 부르게 되었고, 이후로 영랑호는 화랑들의 수련장으로 이용되었다고 한다. 신라 화랑으로서의 영랑이 열심히 자기 수양과 집단 훈련을 마친 뒤, 음악을 즐기고 산수(山水)에 흠뻑 빠져 유쾌하게 신명나게 놀아 보는 여유로움과 낭만, 그리고 젊은이다운 열정이 위의 이야기 속에는 들어 있는 것이다. 이것이 독특한 우리만의 정신세계는 아니었을까.

이처럼 화랑도에는 중국과 일본의 여러 단체 및 조직과는 다른 독특한 점이 있었다. 즉 이념과 사상으로서의 화랑도는 우리 겨레 전통의 풍류적이며 자연 친화적이고 인간 중심적인 사상과 이념이 고스란히 깃들어 있던 아름다운 정신문화였던 것이다.

그런데 화랑도는 진흥왕 대에 제도화된 이후, 외래 사상인 유교와 불교의 이론을 더해 좀 더 구체적인 실천윤리로 등장한다. 신라 26대 진평왕 때 원광법사(圓光法師, 542-640)의 「세속오계(世俗五戒)」가 그것이다.

- 사군이충(事君以忠) - 충으로써 임금을 섬기라. (충)-유교적 윤리
- 사친이효(事親以孝) - 효도로써 부모를 섬기라. (효)-유교적 윤리
- 교우이신(交友以信) - 믿음으로써 벗을 사귀라.

  (신의)-유교적 윤리
- 임전무퇴(臨戰無退) - 싸움에 임해서는 물러남이 없도록 하라.

  (용맹)-안보·군사 윤리
- 살생유택(殺生有擇) - 생명을 죽임에는 가림이 있어야 한다.

  (자비)-불교적 윤리

  이분법적으로 이것이 유교 윤리이고 저것이 불교 윤리라고 단정할
수 없지만, 원광법사가 중국 수나라 유학을 다녀온 사실 등을 고려해
볼 때, 대략 오계를 정리하면 이렇게 될 것이다. 오랜 전통이었던 풍
류가 빠지고 호국 이념으로서의 임전무퇴가 들어가 있는 점, 불교에
서의 살생 금지 윤리를 '유택(有擇)'이라는 선택적 상황 윤리로 바꾼 점
등은 아마도 당시의 신라 상황이 고구려·백제와 군사적으로 대치해
있는 상황을 고려하여 새롭게 고친 구체적 실천윤리 강령인 듯싶다.

  결국 화랑도는 우리 고유의 전통 사상인 무교·풍류를 기본 이념
으로 하여 유교·불교·도교 삼교를 상호 융합하여 만들어 낸 독특
한 우리만의 사상으로서 신라가 삼국통일을 이루는 원동력이 되었

다. 현재 화랑이라는 용어는 그다지 널리 사용되지 않지만, 국가적 이데올로기를 강조하던 삼사십 년 전만 해도 조직의 단결과 단합을 시도하고 청소년 수양 교육에 널리 활용하던 이념이기도 하였다. 그 한 예로 상품명이나 국가대표 축구팀의 1군 명칭이 '화랑'이고, 2군 명칭이 '충무'였던 시절도 있으며, 지금도 군사적 용어로서 부대 명칭에 '화랑'을 사용하고 있기도 하다. 여하튼 화랑도는 중국도 일본도 아닌 엄연한 우리 고유의 사상이고, 여기에 우리 조상들의 얼과 정신이 담겨 있었다는 것은 부정할 수 없는 사실일 것이다.

신명과 신기

이렇게 한국적 정신을 반영하고 있는 개념들을 잘 전승해 온 종교가 있다면 단연 무교이다. 이미 말한 바 있듯이, 무교는 한국의 초기 역사 시절 가장 중요한 종교였다. 당시는 신정일치 사회인지라 왕이 무당이었기 때문이다. 그러다 중국에서 불교가 들어오면서 무교는 종교적 실세(religious power) 자리에서 서서히 밀려나 결국에는 사회적 주변인(marginal group)들의 종교가 된다.

그러나 중요한 것은 이 무교는 단군 이래로 한 번도 절멸되어 본 적이 없다는 점이다. 물론 이에 대한 충분한 역사적 기록이 있는 것은 아니다. 무교는 기층의 종교였기 때문에 기록이 제대로 남아 있을 수가 없었다. 그러나 아주 파편적으로 남아 있는 자료들을 보면 무교가 역대 왕조 동안 계속해서 많은 사람들의 사랑을 받았다는 것을 알 수 있다. 이 자료들은 대개가 귀족들이 무교가 창궐하는 모습을 보고 심히 걱정하는 모습을 적은 것인데 이것을 거꾸로 보면 그만큼 무교가 성행하고 있던 것을 알 수 있다.

이런 모습을 자세히 볼 필요도 없는 것이 현대 한국에서 무교가 성행하고 있는 것을 보면 알 수 있기 때문이다. 한국에서 무교가 성행하는 정도는 한 가지 사실을 확인하는 것으로 충분한데, 그것은 현재 활동하고 있는 무당의 숫자이다. 정확하게는 알 수 없지만 대강의 숫자는 짐작할 수 있다. 이른바 IT 강국이며 최첨단 기술이 발달한 한국에 가장 '원시적인' 종교라 할 수 있는 무교의 사제인 무당의 숫자가 20만 ~30만 명이라는 사실을 믿을 수 있을까? 성직자 중 가장 많은 수를 자랑한다는 개신교 목사는 아무리 많이 잡아도 그 수가 10만을 넘지 못한다. 그런데 무당은 이 수를 훨씬 능가하고, 이 많은 사람들이 다 벌이를 하고 있다. 이 사실 하나만으로 무교가 현재 얼마나 성행하고 있는가를 알 수 있다. 그런데 현대가 이 정도라면 이전에는 어떤 상태였을까 하는 것은 쉽게 짐작할 수 있지 않을까?

여기서 중요한 것은 무교에 대한 표면적인 이야기가 아니고 이 무교의 핵심 사상이다. 앞에서 본 것처럼 한국사를 통틀어 그래도 상대적으로 변하지 않고 지금까지 흘러온 것이 있다면 이 무교밖에 없기 때문에 이 사상의 핵심을 아는 것은 대단히 중요하다. 그러나 무교의

● **무녀신무**(巫女神舞, 1805, 신윤복 作)

조선 시대의 굿 장면도 오늘날과 거의 다르지 않다는 것을 200여 년 전 신윤복의 그림을 통해
확인할 수 있다. 무당은 한국적 신명 혹은 신기를 가장 오랫동안 전승해 온 주체이다.(출처:
문화재청)

핵심 사상은 단순하다. 신명이나 신기가 그 중심에 있으며, 신령이 강림해 강한 떨림 현상을 겪으면서 엑스터시, 즉 무아경에 빠지는 것이 무교의 핵심인 것이다.

우리는 이 상태를 어떻게 묘사할 수 있을까? 신이 오르면 우선 심신이 떨리면서 힘이 넘친다. 그 힘 속에서 인간은 무한한 즐거움을 느끼게 된다. 그 즐거움은 당사자로 하여금 만물을 있는 그대로 받아들이게 한다. 자아가 없어진 상태이므로 인간이 간섭해 만물을 바꾸려 하지 않는다. 따라서 모든 것을 다 감싸고 그것들이 가장 좋은 상태에 있게 만든다. 마음이 없다는 것은 커진다고도 표현할 수 있다. 마음이 커지니 아주 대범하고 사물을 크게 본다. 그래서 사소해 보이는 것에는 무관심할 수 있다. 이 상태는 망아경이라서, 그저 꽉 막힌 질서의 상태를 의미하지 않는다. 그 속에는 무질서를 지향하는 자유분방함이 있다. 자유분방하니 해학도 흘러넘친다. 한국인들에게 신바람이 나면 대체로 이런 모습이 보일 것이다.

그런데 이 상태에는 이처럼 긍정적인 것만 있는 것은 아니다. 무엇보다도 이 상태에는 냉철한 이성이 없다. 힘은 넘치는데 그 힘에 향방을 제시할 만한 이정표가 없다. 그러니까 쏠림 현상이 강하다. 대세가 한쪽으로 기울어지면 반성하는 기미 없이 모두 그 조류에 편승한다. 그래서 엄청난 큰 힘을 발휘할 수 있지만 그 힘이 잘못된 방향으로 갈 때에는 도무지 걷잡을 수가 없다. 비근한 예를 들어 본다면, 남북한은 같은 민족인데도 현 상태는 양극적으로 갈린다. 사정이 이렇게 된 것을 여러 가지로 설명할 수 있겠지만 한민족이 가졌다고 추정되는 이 힘이 향방을 어디로 잡았는가를 보는 것으로도 부분적으로 설명할 수 있을지 모른다. 즉, 남한은 이 힘 혹은 상태를 경제개발과 민주화로 돌려 단기간에 '한강의 기적'을 이룩했다면, 북한은 같은 것을 김일성 수령 중심 체제의 확립과 연장을 위해 쏟아붓다가 세계에서 가장 폐쇄적인 나라가 되어 버렸다고 하면 무리일까? 남한에서든 북한에서든 어떤 식으로든 한쪽으로 쏠리는 신기가 작동되고 있다는 말이다.

이러한 상황을 일단 정리해 보자. 만일 우리에게 원형적인 정신이 있다면 이름을 무엇이라고 부르든 그것은 현대 무교를 관통하고 있는 '신명(神明)', '신기(神氣)' 같은 정신 혹은 상태라 할 수 있다는 것이다. 그리고 이것은 단군 이래로 한국사를 관통해서 도도하게 지속적으로 흘러왔다고 상정해도 크게 틀리지 않을 것이다.

무교와 정한(情恨)

이처럼 겨레얼을 논할 때 무교는 제외할 수 없는 요소이다. 무교는 한국인에게 가장 오래된, 겨레얼 생성과 전승의 주체이다. 무교가 겨레얼을 전승하면서 신명 혹은 신기(神氣)를 강화시켰다고 할 수 있다.

제주칠머리당굿 •

제주시 건입동의 본향당(本鄕堂)인 칠머리당에서 하는 굿이다.(출처: 문화재청)

그런데 이 신명 혹은 신기는 앞에서 본 대로 역동적인 모습으로 나타나기도 하지만, 다른 한편에서는 우리 민족 특유의 '정한'의 정서로 드러나기도 한다. 대체적으로 신명 혹은 신기는 우리 일상의 여가 문화나 비일상적인 민족적 위기 상황에서도 드러난다. 사람에 따라서는 눈살을 찌푸리게 되는 음주가무 위주의 여가 생활, 길거리 응원으로 대표되는 신명나는 축제, 그리고 외적의 침략이나 경제 위기에서 전 민족이 일치단결하는 모습 등이 그것이다. 반면 정한은 우리 겨레가 자신의 힘으로는 어쩔 수 없는 고난과 시련을 당하게 되었을 때, 그것을 정신적으로 견뎌 내게 하는 내적 동력으로 작용하곤 했다. 어쩔 수 없는 운명 앞에서 시련과 고난을 정신적으로 이겨 내는 정한의 정서는 유·불·도의 문화 전통을 지닌 중국에는 없는, 우리 겨레 특유의 정서이다.

그 원형은 진오기굿을 할 때 무당이 부르는 바리데기 무가에서 확인할 수 있다. 주지하다시피 진오기굿은 산 자와 죽은 자의 생전에 쌓인 한을 만신(萬神)의 힘을 빌려 풀게 함으로써 망자의 극락왕생을 기원하는 굿으로, 그 핵심은 해원(解冤)이다. 해원의 정신은 바리데기 무가에서 잘 보인다.

바리데기는 본디 공주였으되 태어나자마자 부모에게서 버려지고 천하게 자람으로써 한을 품는다. 하지만 바리데기는 어쩔 수 없이 다가온 이 운명 앞에서 미움의 감정과 그에 따른 복수심을 품음으로 대응하지 않는다. 바리데기는 이 쌓인 한을 저승의 약수를 구해 자신의 목숨을 구해 달라는 부모의 염치없는 부탁에 흔쾌히 응함으로써 풀려고 한다. 이러한 한을 푸는 과정이 고난의 연속임을 이 이야기는 바리데기가 저승에서 7년간 겪는 고생을 통해 상징적으로 보여준다. 그 응어리진 한을 풀기 위해서 수많은 고난은 필연적으로 요구되는 것이다. 한이 쌓인 사람은 무수한 고난을 통해서만 인격적으로 더욱 성숙되어 한을 미움과 적대가 아닌, 용서와 화해로 풀어 나갈 수 있기 때문이다. 바리데기는 결국 이 고난에 힘입어 자신을 버린 부모를 용서하고 그들의 목숨을 살리며 그들과 화해한다. 그리고 자신은 마침내 수많은 이들의 한을 풀어 주는 매개자로서의 만신으로 다시 태어난다.

바리데기 무가가 전하는 정한의 정서, 해원의 정신이 꼭 무교의 제의 속에서만 나타나는 것은 아니다. 그것은 한민족이 개인적으로 혹은 집단적으로 시련과 고난을 겪을 때마다 보이는 특유의 정서이며 그 고난과 시련을 정신적으로 초극하는 나름의 방식으로 그 모습을 드러내 왔다. 지금도 수많은 한국인들이 공감하며 즐기는 예술 분야의 대표작들만 일별해 보아도 우리는 그 점을 알 수 있다.

가령 이러한 정서는 1930년대에 본격적으로 형성된 대중가요에서도 그대로 보인다. 1925~1945년까지 한국인들 사이에 유행했던 가요의 가사를 분석해 보면 "'사랑'이 전체의 33.9%로 가장 많았고, 다음은 '고향', '타향살이', '생활(삶의 애환)'이 각각 16.2%였고 특히 '울다'라는 동사가 전체의 약 절반 가까운 노래에, '눈물, 사랑'이라는 명사는 전체의 약 1/3 가까운 노래에 등장하는 것으로 나타났다".

이 시기에 유행가 가사의 대부분이 사랑 타령·눈물 바람이었다는 것인데, 문제는 이런 경향이 현대에도 결코 달라지지 않았다는 데 있다. 집단적 슬픔과 울음이 일제 강점으로 인한 특수한 시기의 특수한 정서였다면 그 울음은 해방과 함께 뚝 그쳤어야 맞다. 하지만 최근의 연구는 해방 이후부터 20세기 말까지의 대중가요 또한 "'사랑' '이별' '그리움'을 주제로 한 노래가 전체의 66%를 차지했으며 '사랑' 노래 중에서도 거의 대부분이 지나간 과거의 사랑을 노래한 것이었으며, 가장 많은 빈도수를 보인 어휘는 '울다'와 '눈물'이었음"을 밝혀내었다. 물론 21세기에 접어들며 대중가요에서 이 눈물의 정서는 점차 옅어져 가는 것처럼 보인다. 하지만 그로 인해 한국인 대다수가 깊게 공감할 수 있는 명곡의 출현도 점점 드문 일이 되고 있다.

한국에서 한의 정서가 현실 속에서는 점점 옅어져 가는 것과는 달리 북한에서 그 정서는 여전히 민중들의 삶 속에 짙게 배어 있다. 황석영의 소설 『바리데기』는 지방 관료의 딸로 태어나 정치적 폭압과 굶주림 속에 내동댕이쳐진 한 탈북 소녀의 삶을 그 가슴에 응어리진 한과 그 한이 풀리는 과정으로 그리고 있다. 소녀에게 맺힌 한은 신자유주의의 바람이 불어닥친 중국과 밀항으로 천신만고 끝에 건너간 영국에서 무수히 많은 고난을 겪음으로써 용서와 화해의 정신으로 승화된다. 오랫동안 서로 다른 체제에서 살아왔지만 북한 주민들 역시 우리와 마찬가지로 한의 정서를 공유하고 있으며 그 고단한 삶으로 인해 우리보다 오히려 그 정서를 더욱 짙게 느끼고 있으리라고 짐작할 수 있게 해 주는 역작이다.

　지금은 분단이 되어서 그렇지 90여 년 전만 해도 한민족은 한국 최고의 무성영화 '아리랑'을 함께 구경하며 이 한의 정서를 함께 공유한 바 있다. 1926년 10월 단성사에서 개봉된 영화 '아리랑'은 매일 이 영화를 보려는 사람들로 초만원을 이룬 최초의 대흥행작이었다. 바야흐로 조선의 마지막 임금 순종이 승하하고 그 장례식에 맞춰 준비된 만세 운동이 사전에 발각되었지만 6·10만세운동으로 수많은 학생들이 검거되었으며 일제는 경복궁을 깔고 앉은 조선총독부 신청사 축하연을 성대하게 베풀고 있을 때였다.

　영화는 한 농촌 마을을 배경으로 철학 공부를 하다 미쳐 버린 한 지식인 청년과 그 청년의 여동생, 그리고 이 여동생을 호시탐탐 탐내는 부잣집 마름을 둘러싸고 이야기가 전개된다. 일제의 검열과 삭제로 많은 부분 일제에 대한 저항을 은유적으로 할 수밖에 없었던 이 영화에 등장하는 광인 청년은 사실 3·1독립만세운동으로 고문을 받다 미쳐버린 것으로 설명되기도 하고 당시 농촌의 민중들이 일제와 지주들로부터 이중삼중의 수탈을 당한, 미쳐 버릴 것 같은 고통을 표현한 것이라 말하기도 한다. 동생을 겁탈하려던 마름을 청년이 낫으로 찍어 죽인 뒤 일제 경찰에 끌려가는 영화 말미에 주제가인 민요 '아리랑'이 흘러나오면 관객들은 이 민요를 따라 부르며 집단적으로 흐느꼈다고 한다. 일제의 지배와 수탈 앞에서 어쩔 수 없었던 당시 조선의 민중들이 쌓인 응어리를 푸는 하나의 방식이었던 것이다.

●── 영화 아리랑 포스터

나운규는 한국영화의 선구자이며 〈아리랑〉이란 불후의 명작을 만들어 당시 일제하에서 고통받고 있던 우리나라 사람들에게 희망을 안겨주었다.(출처: http://www.arirang.pe.kr/)

위에서 대중음악을 논하면서 21세기에 들어와 눈물 타령하는 노래들은 많이 줄어들었다고 말했지만, 대중문화의 또 다른 중요한 영역인 드라마를 보면 정한의 정서는 그 생명력이 여전함을 확인할 수 있다. 2000년대 중반 국내뿐만 아니라 해외에서도 큰 인기를 얻었던 '대장금'의 이야기 전개 방식을 자세히 들여다보면 바리데기의 그것과 닮은꼴이다.

원래는 상궁이었던 어머니가 최상궁의 모함으로 결국은 죽임을 당해 어린 장금이 혼자 버려진다는 설정, 그렇게 한을 품은 장금이 궁중 요리를 익히며 수라간 최고 상궁의 꿈을 키우지만 다시 최상궁에 의해 자신의 스승과 함께 내처지는 등 무수히 많은 고난을 겪는다는 점, 의녀로 재기에 성공해 어의까지 되지만 한이 맺혔던 사람들에게 복수 따위는 생각하지 않고 용서한다는 점, 자신이 돕던 문정왕후가 환궁을 권하지만 화려한 삶을 마다하고 초야에 묻혀 병자를 돌보는 점 등이 모두 그렇다.

드라마 대장금이 그 전형적인 예이지만, 이와 유사한 아류 드라마들은 그 외에도 무수히 많다. 너무 자주 등장하여 식상해진 출생의 비밀, 바보스러울 정도로 착해 빠진 주인공이 겪는 무수히 많은 고난의 설정, 자신을 괴롭히던 악인을 응징하기보다는 악인 스스로가 자멸하거나 용서하고 화해하는 방식으로의 갈등 해결, 화려한 지위를 버리고 소박한 돌봄 속에서 행복을 찾는 결말 등은 그 드라마 각본을 쓰는 작가가 의식했든 그렇지 않았든 정한의 정서와 그 초극을 이야기하는 바리데기 무가에 뿌리를 둔 것들이다.

정한의 사회화

한 가지 유의해야 할 것은 한민족이 정한의 정서를 지니고 있다고 해서 그것이 꼭 현실 체념과 순응으로만 나타나는 것은 아니라는 점이다. 한민족이 지닌 정한의 정서는 사회적으로 중요한 혹은 죽어서는 안 될 누군가가 죽어 사회적으로 이슈화될 경우, 엄청난 분노와 통제할 수 없는 운동으로 폭발되기도 한다. 근대 이후, 한민족이 거족적으로 지배 권력의 부당한 행위에 저항하여 민족 독립과 민주화를 외친 중요한 다음 네 가지 사건들은 공교롭게도 모두 누군가의 죽음을 계기로 해서 일어났다는 점은 우리에게 이 사실을 알려준다.

첫째는 3·1운동이다. 1919년 1월 21일, 고종이 뇌일혈로 승하하고 일제에 의한 고종 독살설이 유포되면서 조선 사람들의 일제에 대한 적개심은 고조되고 사람들은 두려움을 잊게 되었으며 이로 인해 3·1독립만세운동이 폭발했다. 둘째는 6·10만세운동이다. 1926년 4월 병약한 순종이 승하하자 전국적으로 애도의 물결이 이어졌다. 전 조선 백성이 머리를 풀고 궁성을 향해 곡을 했다. 6월 10일 순종의 인산일을 기해 일어난 것이 바로 6·10만세운동이다. 셋째는 4·19혁

명이다. 대통령 부정선거로 항의 시위가 있었지만 전국적인 시위로
치닫지 않다가, 1960년 4월 11일에 마산 앞바다에서 최루탄이 눈에
박힌 10대 소년 김주열의 시체가 발견되었고 이것이 4·19혁명의 도
화선이 되었다. 넷째는 6·10민주화운동이다. 1987년 대통령 직선제
를 요구하는 국민들의 요구에 호헌으로 화답한 전두환 정권이 그 뜻
을 굽힌 것은 서울대생 박종철의 고문치사사건과 연세대생 이한열의
시위 도중 사망에 의해 촉발된 시민들의 저항운동 때문이었다.

이 네 가지 사건이 사회적으로 중요한 인물 혹은 죽어서는 안 될 어
린 학생들이 죽음으로써 전 민족적으로 '욱' 하는 분노를 촉발하여 일
어났다는 데 착안해 한국의 민주주의를 '욱 민주주의'라 칭하는 것은
과연 지나친 생각일까? 이 사건들을 산 자가 한 맺힌 죽음을 목도하
고는 망자를 대신하여 무교적 신명이 '욱' 하고 거칠게 표출되어 집단
적으로 벌이는 제의 같은 것으로 설명한다면 정치적 사건을 너무 종
교화하여 해석하는 것인가?

이러한 설명이 근거가 없지 않다는 점은 근대 이후 한반도와 동아
시아 여러 나라의 상황을 비교해 봄으로써 어느 정도 증명될 수 있다.
전 세계 지도를 펼쳐 놓고 오늘날 경제적으로 부유한 나라들을 찾아
보면 이들 나라들은 정신문화적인 측면에서 다음과 같은 특징을 보
이는 두 종류로 분류할 수 있다.

하나는 기독교 문명권에 속하는 제1세계 국가들이다. 이들은 전 세
계적으로 가장 먼저 근대적 자본주의 문명을 일으켰고 그것을 전 세

계에 보편적 가치로 강요해 획일화함으로써 현재도 가장 부유한 문명국으로서의 위치를 굳건히 하고 있다.

다른 하나는 유교 문화권에 속하는 국가들이다. 일본·한국·싱가포르·홍콩 등 20세기에 부유해진 나라들뿐만 아니라 G2로 떠올라 미국의 지위마저 위협하고 있는 중국, 그리고 빠른 경제성장을 보이는 베트남 등이 그들이다.

사람들은 두 번째 유형의 나라들이 그렇게 가파른 압축적 경제성장을 이룩할 수 있었던 정신적 동력 중 하나로 유교를 꼽는다. 이렇게 유교가 경제성장의 정신적 동력이 될 수 있었던 요인으로는 유교 문화권에 속한 국가들이 엄격한 상하관계 속에서 사람들에게 근면과 성실의 덕목을 요구하고 사회에서도 가족적인 정서를 강조한다는 점 외에 이익 추구 자체를 부정하지 않는다는 점이 거론되곤 한다.

이 중 마지막이 가장 본질적인데, 제1세대 중국 현대 신유가인 양수명(梁漱溟)의 말을 빌려 표현한다면 '서양 문화는 의욕의 전진적인 요구를 근본으로 하는 데' 비해 유교 문화는 '의욕이 스스로 조화와 중용을 유지하는 것을 근본정신으로 하는' 차이가 있지만, 유교 문화는 인도 문화처럼 '의욕이 자신에게로 돌이켜 물러나는 것을 근본정신으로 하지' 않고 대상에 대한 욕망의 충족 그 자체를 긍정하는 태도를 보인다는 점에서 서양 문화와 유사한 데가 있다고 하겠다.

이렇게 동아시아 여러 나라들이 공통적으로 경제성장을 이루게 된 정신적 동력은 유교로 어느 정도의 설명이 가능하다. 그러나 정치적 민주화의 경우에는 사정이 좀 다르다. 위에서 거론한 나라들 가운데 정치적으로 민주화를 가장 성공적으로 이룬 나라는 한국이다. 한국의 민주화 성공이 국민들의 높은 의식 수준 때문이고 이는 교육의 진작 때문이며, 따라서 우리의 뜨거운 교육열은 유교 덕분이라는 분석도 가능하다. 하지만 그런 분석만으로 한국이 민주화에 성공을 거둘 수 있었던 정신문화적 동력을 설명하는 것은 좀 부족해 보인다. 풍류 정신을 계승하는 무교적 신명 혹은 신기, 그리고 정한의 정서 등도 함께 고려할 때 좀 더 설득력 있게 설명될 수 있는 것이다.

이상에서 볼 수 있듯이, 한국인들은 자신들의 심성의 기층에 이런 성향을 갖춘 채 외래로부터 종교 사상을 받아들였다. 어떤 경우에는 외래 사상(종교)을 수용하고 그와 융합하면서 새로운 모습을 보이기도 했고 어떤 때에는 그 외래 사상과 별 관계를 갖지 않고 기층의 상태를 유지하는 경우도 있었다. 포함삼교(包含三敎)라는 말에 함축되어 있듯이, 중요한 것은 한국인이 늘 외래 사상을 포용하고 소화해 왔다는 사실이다. 그 포용 및 소화의 근간이 신명이자 신기인 것이다. 달리 말해 겨레의 얼이라고도 할 수 있다.

그렇다면 한국인은 어떤 식으로 외래의 것을 수용하며 다양성을 표출해 왔을까? 한국인이 얼의 힘 위에서 다양한 사상을 수용해 표출해 온 그동안의 사례를 살펴볼 필요가 있다. 이런 사례들을 살펴보면, 한국적 정신문화의 능력 혹은 겨레얼의 모습이 보인다. 유학을 근간으로 삼았던 조선의 상황을 중심으로 정리해 보도록 하겠다.

05.

조선의 문화와 겨레얼

겨레얼과 언어 문화

　　　　조선은 확실히 유교가 국시였다. 어떤 면에서 조선은 중국보다 더 유교적이었다. 그래서 『조선유학사』를 쓴 현상윤은 조선 유학의 특징을 '단순과 철저'라고 했는지도 모른다. 조선은 유교의 발전과 실수(實修)에 총력을 기울였기 때문에 나름대로 많은 발전을 이루었다.

　그렇지만 이 글에서 조선 유학의 발달사를 살펴보려는 것은 아니다. 우리에게 관심 있는 주제는 조선의 유교에서 한국의 고유한 정신을 찾을 수 있을까 하는 문제이다. 조선에는 이황을 비롯해서 이이 · 서경덕 · 김장생 · 정약용 등 수많은 유교 사상가들이 있었지만 과연 이들의 연구가 위에서 본 한국의 고유한 정신과 연결이 될 수 있을까? 일견해서 이들의 사상은 신라 시대의 승려들이 행한 것처럼 중국에서 연원한 철학을 그냥 연구했을 뿐이라 그들의 사상에서 한국성을 느끼기는 어렵다. 조선의 성리학이 중국의 그것과 어떤 차이가 나느냐고 물을 때 조선 고유의 색깔이 있다고 누가 자신 있게 말할 수 있을까?

더군다나 조선의 유학자들은 극소수의 예외를 제외하고 유교의 경전을 주자가 집주한 것만 보았기 때문에 스스로 주자의 범위 안에서 안주하려 했지 기존의 틀을 깨는 연구는 거의 하지 않았다. 혹자는 '사단칠정론'이나 '인물성동이론' 등을 가지고 조선 유학의 특징을 말하기도 하지만 이런 논쟁은 주자 철학 내에서 이루어졌지 주자를 넘어서는 새로운 시도는 아니었던 것으로 보인다.

그렇다면 겨레얼이라는 우리의 주제와 관련되는 조선 시대의 새로움은 어디서 찾을 수 있는 것일까? 다시 말해 겨레의 얼을 담아 전승한 최고의 작품은 무엇일까? 이어지는 부분에서는 겨레의 얼이 집결된 최대의 창작품과 전승물을 한글이라 보고, 한글의 정신을 겨레얼과 연결지어 보고자 한다. 겨레 연구에서 빼놓을 수 없는 것이 바로 언어의 문제인 것이다.

주시경이 '민족'을 언어공동체라고 규정한 바 있듯이, 민족의식 혹은 겨레얼을 언급할 때 중요한 요소 중 하나가 언어의 문제이다. 정신과 언어 및 문화는 상호작용을 하는 요소이기 때문이다. 언어는 사람들이 자신의 머릿속에 있는 생각을 다른 사람에게 나타내는 체계이거나 사물 · 행동 · 생각 · 상태를 나타내는 일련의 체계이다. 즉, 사람들이 자신의 생각을 다른 사람들에게 전달하는 데 사용하는 방법인 것이다. 그리고 언어는 일종의 문화이면서 또한 문화를 반영한다. 즉 문화는 언어를 통해 유지되며 반대로 언어는 그 자체가 문화이며 새로운 문화를 창조하거나 축적하는 도구가 된다는 것이다.

이렇듯 언어는 인간의 사고 및 정신과 밀접한 관련성이 있다. 언어는 그 시대의 사회상과 문화의 형태는 물론이고, 집단과 단체의 정신세계까지 드러내 보여준다. 언어와 정신은 서로 상호작용을 하면서 발달하며, 인간은 객관적인 세계를 있는 그대로 보고 경험하는 것이 아니라 언어를 매개로 해서 인식한다. 다시 말해 언어가 생각과 정신을 지배하기도 한다.

따라서 우리 겨레의 정신과 문화의 심층을 이해하기 위해서는 우리말, 즉 우리가 쓰는 언어의 문화적 심층구조 및 그 정신 내지는 얼을 먼저 이해해야 할 것이다. 수천 년 역사를 지닌 우리 민족에게 언어라고 할 수 있는 것은 무엇일까? 우선 생각해 봐야 할 문제는 언어에는 말[음성]과 글[문자]이 있으며, 우리의 상고 시대와 삼국 시대, 고려 시대에는 말[음성]이 우리 땅의 소리이되, 글은 주로 중국 대륙에서 넘어온 한자였다는 사실이다. 말은 우리 것이고, 글은 중국에서 넘어온 것이었다.

여기에서 글이 중국 것이었다는 뜻은 그것이 현재의 중화인민공화국과 한족(漢族)의 것임을 의미하지 않는다. 한자의 기원 문제를 언급할 때 창힐(蒼頡 혹은 倉頡)이라는 중국 고대의 인물이 한자를 창제했다고 한다. 또 전설에 따르면, 그는 황제의 사관(史官)으로서 눈이 네 개 달려 있었다고 하는데, 그가 어떤 인물이고 어느 민족인지는 알 수 있는 방법이 없다.

여하튼 한자는 중국 상고시대에 대륙에 살던 여러 민족의 언어문화 속에서 만들어진 표어문자이고, 특정의 한 사람이 만들어 낸 것도 아니다. 아직도 중국 대륙에서는 말과 글이 완전히 통일되어 있지 않다. 문자 통일은 이루었지만, 음성언어는 각 성마다 각 민족에 따라 다른 것이 현실이다. 최근 통계에 따르면 한어[북경어]를 못 하는 인구가 3억 명 가량이라고 한다. 이러한 상황은 우리 겨레에게도 그대로 적용되는 문제였고, 마침내 조선 시대가 되어 세종대왕의 등장과 함께 우리글 한글이 창제되기에 이른다.

말과 글이 정확히 일치하는 표음문자 시대가 도래하였고, 민족의 자주성과 주체성이 훈민정음 창제의 동기에 그대로 담겨 있다. 우리 겨레의 땅에서 자연 발생적으로 생겨난 말[음성언어]의 정신은 비록 한자로 기록되어 전해졌지만, 음성언어는 우리 것이었고, 그 음성언어를 표기하는 체계로서 잠시 한자를 빌렸을 뿐이었다. 간혹 조선 시대에는 한글 사용보다는 한자 사용이 많았다는 점을 들어 한글이 우리 겨레얼과 무슨 관련성이 있냐고 의문을 품는 사람들이 있지만, 세종대왕이 밝힌 한글 창제의 목적과 동기를 생각해 보면 우리 겨레의 주체적이고도 자주적인 기상을 엿볼 수 있다. 그것은 『훈민정음』 서문에 우리 글자를 만들게 된 동기가 잘 드러나 있기 때문이다.

정리해 보면, 그 동기는 첫째, 우리말이 중국말과 다른데도 중국 글자를 사용하므로 불편한 점이 많아 우리말에 맞는 새 글자를 만들었다는 것, 둘째, 백성이 쉽게 글자를 배워 문자 생활을 편하게 하기 위해 만들었다고 하는 점일 것이다. 여기에서 우리는 세종 대왕과 집현전 학자들의 강한 민족 자주정신과 민본주의를 엿볼 수 있다. 지금 지구상의 수많은 국가와 지역 가운데에는 자신들만의 고유의 말과 글이 모두 없거나 혹은 고유의 말은 있되 글은 없는 민족과 지역이 대다수를 차지하고 있다.

이런 점에서 표음문자인 우리의 한글은 우리 겨레의 주체성과 자주성 및 창의성을 돋보이게 하는 자랑거리이자 우리 겨레의 숭고한 언어문화인 것이다. 우리가 현재 말하고 쓰고 하는 일련의 언어 활동은 한글이 없었다면 다른 나라의 말과 글로 채워졌을 것이며 우리 민족의 정체성과 우수성은 눈에 띄게 약화되었을 것이다. 뿐만 아니라, 한글은 우리 겨레의 정신과 생각까지도 지배해 왔고, 앞으로도 지배하게 될 것이다. 한글은 표음문자이기에 다른 언어를 번역할 때도 매우 유용하다. 세계의 다양한 문화를 흡수하여 우리 것으로 만드는 데 그만큼 유용한 언어 도구인 셈이다. 특히 『훈민정음』은 유네스코 세계기록유산으로서 우리 것만이 아닌 인류의 지적 자산이자 정신적 유산으로서 가치가 있다는 점도 잊어서는 안 될 것이다.

국어와 한국적 정신

국어, 즉 한국어는 한반도 전역에서 한국인 모두 빠짐

없이 모국어로 쓰는 언어이다. 한국은 확실히 단일 언어 사회이다. 태어나면서 누구나 한국어를 모국어, 즉 제1언어로 배우며 일생 동안 한국어만으로 의사소통, 가정생활, 사회생활, 경제활동, 정치활동 등을 하며 산다. 초등학교에서부터 대학교까지 한국어로 수업을 받으며 각종 방송이나 미디어도 한국어로 행해진다. 이러한 의미에서 한국에서 사용되는 국어는 한국에 거주하는 모든 사람들의 정신세계와 깊은 연관성이 있다. 한국적 정신이 가장 선명하게 투영된 형태가 한국어라는 말이다.

독일의 언어철학자 훔볼트(Humboldt, 1767-1835)는 언어와 정신(사고)의 관계를 정밀하게 연구한 것으로 유명하다. 그의 언어 이론의 핵심 가운데 하나는 언어구조와 민족성이 필연적으로 연계된다는 생각, 곧 세계관 사상이다. 그에 의하면, 언어(각각의 모국어)는 특정한 민족정신의 발산이며, 해당 민족이 세계를 관조하는 고유하고 독자적인 견해(세계관)를 반영하는 내적 형식의 외적 표현이다. 즉, 언어는 음성 형태일 뿐만 아니라, 세계관의 내적인 형성인 것이다.

모든 언어에는 고유한 세계관이 내재해 있어서, 새로운 언어를 습득한다는 것은 지금까지의 세계관에 새로운 관점이 추가된다는 것을 의미한다. 언어의 발전 단계는 그 언어를 사용하는 민족의 정신·문화·사물에 대한 관점과 직결되며, 언어의 역사는 해당 민족문화의 역사를 반영하고 있다. 즉, 언어의 변화는 민족정신의 변화를 의미하며, 모든 변화는 언어를 통해 드러나게 된다는 말이다. 마찬가지로 한국어도 한국적 정신을 반영하고 있는 것이다.

사실 한국어, 줄여서 '국어(國語)'라는 한자어에도 한국적 정신의 역사가 담겨 있다. 주지하다시피 '국어'라는 한자어는 '나라의 말'이라는 뜻이지만, 우리 역사의 시초부터 '나라의 말'이 확립되어 있었던 것은 아니다. 가령 『훈민정음 해례본』의 종성해(終聲解) 아래아 설명에서는 이렇게 적고 있다: "ㆍ와 ㅡ가 ㅣ소리에서 일어난 소리는 우리 나라말에서 쓰임이 없고, 어린이 말이나 시골 말에 간혹 있기도 하는데, 마땅히 두 글자를 어울려 쓸 것이다(ㆍㅡ起ㅣ聲 於國語無用 兒童之言 邊野之語 或有之)". 훈민정음에 '나라말[국어]'이라는 용어가 사용되고 있었는데, 그때의 나라말, 즉 국어는 단순히 아이들 말이나 시골 변두리 말과 구분되는 말이었다. 그 뒤 국어는 국민이 자연스럽게 형성시킨 말이면서 공통적으로 사용되는 언어라는 의미가 담기기 시작했다.

좀 더 구체적으로 '국어'는 근대국가의 개념이 형성된 19세기 이후에 만들어진 말이라는 설도 있다. 갑오개혁 이후에 한국어의 말과 글이 국어와 국문으로 불리기 시작하고, 1898년에 나온 『국어문법』이라는 도서명이나 〈국어연구학회〉(1908)라는 국어 연구 단체의 명칭 등에서 국어라는 말이 본격 사용되기 시작했다는 것이다. 그러다가 주시경이 '국어'라는 용어의 사용을 강조하고 이들 도서를 출판하며 관련 단체 등에 가담하면서 국어라는 용어는 확산되었다.

한편 이 무렵 '국어'라는 용어가 확산된 것은 일제강점기라는 상황과도 무관하지 않다. 먼저 '국어'라는 용어를 확산시킨 나라는 일본이었는데, 그들은 근대국가적 기반을 더욱 확립하고 당시 식민지였던 나라들의 언어를 자신들의 종속어로 규정하기 위해 국어라는 용어를 더 확산시켰다. 이로부터 '민족-국가-국어'를 하나로 연결시키는 논리가 생겨나게 되었다. 일본에서 '국어'라는 말에는 민족주의적이고 국가주의적인 색채가 들어 있었던 것이다. 이 국어라는 말이 식민지 조선에 유입되었다. 당시 조선은 국가가 없는 식민지 상황이다 보니, 한국인에게 국어는 민족의 언어 정도로 생각되었다. 그 뒤 한국에서 국어라는 말 속에 민족적 색채가 더 강하게 투영되기 시작했고, 해방 후에는 국가의 정책과도 깊은 연관성을 갖게 된다.

한글 창제와 훈민정음

훈민정음은 조선 초기 세종 대왕이 주도해 만든 책의 제목이기도 하고, 그 책에서 해설하고 있는 문자 체계를 의미하기도 한다. 그 문자 체계를 오늘날 한글이라 부른다. 훈민정음은 1443년(세종25년)에 제정되었지만, 바로 백성들에게 반포했던 것은 아니다. 세종은 집현전 학사들에게 3년 동안 더 연구를 시켜 훈민정음 본문 해설서인 『훈민정음 해례본』(1446)을 편찬하도록 했다. 그 해례본 덕분에 한글은 비로소 한국인의 문자로 등장한 것이라고 할 수 있다.

이때 주목해야 할 것은 해례본의 한 종류인 『훈민정음 언해본』이

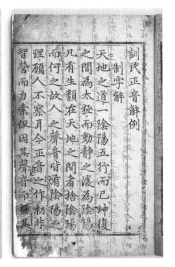

●━ 훈민정음과 훈민정음해례본

조선 초기 세종대왕이 지은 책의 제목, 그리고 그 책에서 해설하고 있는, 뒷날 한글로 불리게 된 한국어의 표기 문자 체계를 말한다.(출처: 문화재청)

다. 『훈민정음』「어제(御製)」서문과「예의(例義)」부분민을 한글로 풀이하고 있는데, 한글의 창제 원리를 밝히고 있을 뿐만 아니라, 중세 한국어의 모습을 살펴볼 수 있는 중요한 문헌이다.「어제(御製)」서문을 현대 한국어로 옮기면 다음과 같다.

> 나랏말씀이 중국과 달라 문자끼리 서로 통하지 아니한다. 이런 까닭으로 어리석은 백성이 이르고자 할 바가 있어도 마침내 자신의 뜻을 펴지 못하는 사람이 많으니라. 내 이를 위하여 가엾게 여겨 새로 스물 여덟 자를 만드노니 모든 사람으로 하여금 쉽게 익혀 날마다 쓰기에 편안케 하고자 할 따름이니라.

위 글을 통해 알 수 있듯이 한글 창제의 목적은 분명하다. 사대주의로 흐르던 유교 문화권에 속한 우리의 음성언어가 중국의 그것과 다르고, 이에 따라 우리만의 음성을 표기할 수 있는 문자가 필요하기 때문이었다. 우리 민족정신의 주체성과 자주성이 돋보이는 대목이라 할 수 있다. 더불어 일반 민중들의 정신세계와 삶의 방식을 혁명적으로 혁신하기 위한 목적에서 창제되었음도 엿볼 수 있다. 이러한 창제 목적을 보더라도 한글에 우리 겨레의 한국적 정신이 투영되어 있다는 것은 의심할 수 없는 사실이다.

한글은 한국적 정신을 가장 잘 표현하고 있는 수단이다. 한국적 정신이 한글로 문자화된 것이다. 언어와 정신은 불가분의 관계를 맺고 부단히 상호작용한다. 세종대왕의 한글 창제 의도는 국민 모두의 소통에 있었으며, 이를 통해 소수에게만 집중된 지식 공유의 지형도를 바꾸는 데 있었다. 당시 조선 사회에서는 성리학이 지도 이념으로 정착되어 가던 시점이고, 한문과 유교적 지식이 곧 권력이자 정보였다. 지식이 절대 권력인 시대에 그 권력의 강력한 무기는 다름 아닌 한문과 유교적 소양이었던 것이다. 지식과 그것을 담은 문자가 소수의 사람들 사이에서만 공유되고, 그리하여 그것이 특정 계층의 이익만을 대변하는 것으로 활용될 때 그 민족의 역사는 밝지 않다. 이에 세종대왕과 집현전 학사들은 우리 겨레말의 소중한 가치와 민족적 장래, 백성들의 고단한 삶 등을 걱정하였다.

백성들의 고단한 삶이란 무엇일까? 그것은 곧 바로 지식의 소유와 지식을 바탕으로 하는 권리 행사의 문제와 연결된다. 억울한 송사(訟事)가 있어도 글을 모르는 백성은 억울하게 당할 수밖에 없다. 이렇게 한글 창제와 한글에는 모든 백성의 소통, 지식과 정보의 공공적 가치, 민족의 주체성, 자주성, 우리 겨레의 자긍심과 자랑스러운 한국적 정신이 깃들어 있다.

선비와 선비정신

한국어·한글과 함께 유교 문화 중에서 겨레의 얼이 담

긴 또 다른 독특한 측면이 있으니 바로 선비정신이다. 선비정신은 유교적 문화 위에서 생겨나 그 유교 문화를 선도해 왔지만, 같은 유교 문화권에 속하는 중국 전통 문사(文士) 정신과 조선의 선비정신은 같지 않다. 유교 문화라 해서 중국의 유교와 한국의 유교가 같을 수 없다는 말이다. 물론 일본의 유교와도 다르다. 황하와 한강은 강은 강이지만 황하는 중국 것이고, 한강은 우리 것인 이치와도 같다.

중국 전통의 문사(文士)와 우리 선비들이 향유했던 것은 모두 유교에 기반을 두고 있지만, 그 정신은 다르다. 유교에서 영향을 받은 일본의 사무라이 정신도 마찬가지이다. 사무라이 정신을 한마디로 무사도(武士道)라고 표현하는데, 이 또한 중국의 사도(士道)나 한국의 선비정신[士道]과 낱말상에서는 상통하지만, 앞에 무(武)가 접두어로 붙어서 색깔을 완전히 달리하고 있다.

한국에서 '선비'는 예부터 지금까지 '어질고 지식이 있는 사람'을 뜻하는 말이다. 특히 유교적 이념을 사회에 구현하는 인격체로서 500년 조선 역사에서 사회의 엘리트층을 의미하기도 한다. 따라서 선비정신은 비교적 상층부 사람들이 지녔던 정신문화이자 사상이었다. 그러나 조선 시대 하층 혹은 서민들의 정신세계가 아니었다고 해서 겨레얼과 거리가 멀거나, 단순히 중국적 유교의 부산물이라고 부정하는 것은 너무나 과한 자격지심일 것이다.

주지하다시피 조선 시대 지식인의 이상적 인간형은 선비[士]였고, 성리학(혹은 주자학)을 공부한 조선 시대 지식인의 대명사도 선비였다. 이 선비[士]라는 용어를 어원적으로 보면, 몽골어에 어원을 둔 '어질고 지식이 있는 사람'을 뜻한다고 한다. '선비'라는 용어는 세종 시대에 제작된 『용비어천가(龍飛御天歌)』에 처음 나타난다. 한국 근대 역사학자 신채호는 선비(선비)를 '선(仙)의 무리'[仙人·先輩]로 보고서, 소도(蘇塗, 삼한시대에 제의를 지내던 곳)를 지키는 무사 집단으로 해석한다. '선비'(선비)는 '선배(先輩)'이며, 신라의 화랑(花郎)이 변화하는 과정에서 고려 초기부터 사용한 단어라는 견해도 있다. 선비의 한자어인 '사(士)'는 조선 시대로 들어와 포괄적 의미에서 유교적 지식과 인격을 갖춘 인간으로 이해되었고, 우리말의 선비와 뜻이 통하는 것으로 받아들여졌다.

이 '사'의 개념은 사실 중국 춘추전국시대에 공자와 맹자를 중심으로 한 유교 사상과 밀접한 관련이 있으며, 그것이 중국에서는 송 대 이후에 자각적인 '사'의 집단이 본격적으로 출현했다는 데에서 유래를 찾아볼 수 있다.

그러다가 유교를 통치 이념으로 정립한 조선 시대에 들어오면서 선비[士]는 사회의 지도적 계층으로서 그 지위가 확립되었다. 원래 '선비'는 굳은 지조와 사회적 책임 의식을 지닌 인격으로서 '문사(文士)'와 '무사(武士)'를 모두 가리키는 것이었다. 신라 화랑의 전통이 문무(文武) 겸비인 것과 유사한 것이다. 그러나 조선 시대에는 선비의 자격으로서 학문적 식견과 도덕적 행실이 강조되면서 문사(文士)의 의미가 집중적으로 부각되었다. 이 점에서는 일본의 주요한 사도(士道)인 무사도와 다르다고 할 수 있다.

앞에서 간단히 말했지만, 조선 시대에 선비란 신분적으로는 혈통에 아무런 하자가 없는 존귀한 사람, 양선(良善)한 사람, 즉 자유민을 뜻하는 양인(良人)이고 경제적으로는 중소 지주층이었다. 또 사회적으로는 독서를 기본 임무로 삼고 관직을 담당하는 신분 계급을 가리켰다. 이렇게 볼 때 조선 시대 선비 계층을 상층부의 소수 특수한 계층만으로 치부할 수는 없다.

선비의 의리 정신

조선 시대 선비에게는 그 일생의 목표로서 몇 단계의 과정이 있었다. 선비는 성리학을 배우고 그 이념을 실천하는 학자로서, 자신의 인격과 학문을 닦는 '수기(修己)'와 남을 다스리는 '치인(治人)'을 핵심으로 했다. 정치적 차원에서는 '수기치인'의 학자이자 관료인 사대부(士大夫)가 되는 것이 선비의 목표이기도 했다. 이때 사대부란 원래 고대 중국에서 사(士)와 대부(大夫)라는 두 개의 단어가 합성된 말로 일종의 신분 계층이었다. 이것이 조선에서 새로운 의미로 토착화되었다.

사대부는 수기치인을 핵심 윤리로 삼았다. 수기치인은 원래 『논어』의 '수기안인(修己安人)'에서 유래한다. 따라서 유교 사상에서는 옛

율곡 이이 ●————————————————————

조선 시대의 문신, 정치가, 성리학적 사상가, 교육자, 작가이다.

날부터 끊임없이 이어져 내려온 정신과 이념이었다. 그러나 주자학자들의 의미 부여에는 특별한 것이 있었다. 먼저 자기 자신을 성인에 근접하는 인격자로 확립시킨 뒤에, 위정자(爲政者)로서 민중의 위에 선다고 하는 것이 그것이다.

이 '수기치인'은 『대학』 8조목의 이념이기도 하였다. 격물(格物)·치지(致知)·성의(誠意)·정심(正心)이라는 앞 4조목이 개인적 수양 단계인 '수기'의 과정이라면 수신·제가·치국·평천하는 사회적 활동 단계인 '치인'의 과정이라 할 수 있다. 조선 시대 선비와 중국의 사(士) 계급의 기본 목표와 이념은 『대학』 8조목의 정신인 '수기치인'이었던 것이다. 다만 그것의 구체적 내용과 의미, 실천 등에서 약간의 차이가 보이며, 그 차이는 중국적 문화와 우리의 문화가 달랐기 때문이다.

조선 시대에는 선비가 '수기'를 한 뒤 '치인', 즉 관직에 나아가 자신의 경륜을 펴는 '행도(行道)'는 그들의 이상적이고도 궁극적 목표였다. 선비는 익힌 학문과 닦은 덕(德)을 나라와 백성을 위해 적극적으로 실천하는 데 중점을 두었다. 조선 시대의 대표적 유학자 율곡 이이(李珥)는 자신의 저서 『동호문답(東湖問答)』에서 손님과 주인이 주고받는 형식의 말을 빌려서 다음과 같이 말한다.

손님[客]이 묻기를 "선비[士]가 세상에 태어나서 세상을 다스리는 데 뜻을 갖는 것은 옳은 일이오"라고 하자, 주인이 대답하되, "선비가 겸선(兼善)하는 것은 진실로 그 뜻이다. 물러나서 스스로 자신을 지키는 것이 어찌 본심이겠소."

이 문장으로 보아 율곡 자신도 선비가 천하를 겸선(兼善)하게 하는 것을 근본 직무로 삼았음을 알 수 있다. 선비가 '치인'의 과정으로서 벼슬에 나아가 자신의 경륜을 펴는 것은 율곡만의 생각이 아니었으며 조선 시대 선비들의 공통된 생각이었으니, 아래에서 몇 가지 예를 들면 다음과 같다.

신명(身命)을 바쳐 도를 행함은 사람된 도리[人道]의 크게 바른 것이요, 은거독선(隱居獨善)이 어찌 군자[선비]가 원하는 것이겠는가(송시열).

선비[士]가 벼슬을 구하려는 것은 그 도리를 행하려 함이요, 영리를 탐하는 것은 선비가 아니다(허균).

선비[士]가 성현의 책을 읽고, 몸을 닦고, 법을 행하는 것은 천하의 공의(公誼)이다(이건창).

위 송시열, 허균, 이건창은 강화 양명학파로 분류되던 인물이다. 이렇게 볼 때 조선 시대에는 주자학자[성리학자]든 양명학자든, 학파를 불문하고 '수기치인'이 선비들의 삶의 목표라는 점에서는 동일했다는 점을 확인할 수 있다.

허균처럼 율곡도 선비가 벼슬에 나가 영리를 탐하는 것은 이미 선비의 자격을 상실한 것이라고 말하면서 선비는 궁해도 자신을 지키기 위하여 의리[義]를 저버리지 않고, 벼슬에 나가도 선비로서의 사도(士道)를 이탈하지 않으며, 시세에 따라 가벼이 옮겨 가지 않는 것이라고 말하고 있다. 율곡은 선비의 관직에 대한 태도를 다음과 같이 말한다.

대저 참된 선비는 벼슬에 나가면 일시에 도리를 행하여 백성들로 하여금 '백성이 화락하게 잘 지내는 즐거움-희호지락(熙皞之樂)-'을 갖도록 할 것이며, 벼슬에서 물러나면 만대(萬代)에 가르침을 남겨 배우는 자로 하여금 긴 잠에서 깨어날 수 있도록 해야 한다.

이 문장은 중국 송대의 저명한 유학자인 범중엄(范仲淹, 989-1052)의 「악양루기(岳陽樓記)」라는 문장과 매우 유사하다. 범중엄은 "정부 고관의 직무를 담당하고 있을 때에는 민중의 일을 걱정하고, 재야의 생활을 하고 있을 때에는 군주의 일을 걱정한다. 나아가서도 근심하고 물러나서도 근심하는 것이다. 그러면 도대체 언제 즐거워한다는 말인가. 천하의 사람들이 근심하는 것보다 먼저 근심하고 천하의 사람들이 즐거워한 후에 즐거워하는 것이다"라고 말하는데, 맨 마지막 부분의 '선우후락(先憂後樂)'의 정신이야말로 중국 송대(宋代) 사대부들이 애호하고 자신들의 이상으로서 높게 떠받들던 문구였다.

율곡이 여기에서 한 발 더 나아간 것이 있다면 벼슬에서 물러나서도 은둔하는 것이 아니라, '치인'의 과정인 교화(敎化)를 게을리하지 않았다는 점이다. 즉, 율곡은 조선 선비[士]의 사회적 책무를 매우 중시했다는 것이다. 요컨대 조선 선비정신의 핵심은 '수기치인'과 의리 및 지조(志操)의 구체적 실천에 있었다고 볼 수 있다. 즉 위의 예에서도 볼 수 있듯이 선비정신은 성리학적 의리와 지조를 중국에서보다도 중요시하였다는 데 있다.

선비적 윤리, 청백리

이렇게 조선 시대의 선비정신이 한국적 유교 문화의 중요한 일부분이라는 점은 부정할 수 없는 사실이다. 일본 무사도의 사무라이 정신처럼 선비정신은 조선 시대부터 근현대에 이르기까지 한국의 유교 문화를 어느 정도 대표한다고 할 수 있다. 그 선비정신은 사회적으로는 시대적 사명감과 책임 의식을 지니고, 일상생활에서는 윤리적·도덕적으로 청렴과 청빈을 우선 가치로 삼아 검약과 절제를 미덕으로 삼은 정신이다. 선비는 시류에 영합하는 것을 비루하게 여겼고, 역사의식에서 시시비비를 명확히 가리는 춘추 정신을 신봉하였다. 이들은 '청(淸)' 자를 선호하여 '청의(淸議)', '청백리(淸白吏)', '청요직(淸要職)', '청명(淸名)', '청류(淸流)' 등의 용어를 즐겨 사용하였다.

우리는 그 구체적인 예를 조선 시대 한 선비의 학문과 윤리·도덕적 삶 속에서 쉽게 찾아볼 수 있다. 예컨대 성리학자이자 청백리로 알려진 설봉(雪峯) 강백년(姜栢年, 1603-1681)이 그렇다. 그는 의를 위해서는 죽음도 불사하고 공과 사를 구분하는 정신, 세속적 습속과 결코 타협하지 않는 청렴결백한 기개, 표리(表裏)가 깨끗하고 맑은 인품의 소유자였다. 다음의 내용은 강백년의 청렴 정신을 잘 드러내 준다.

> 강백년의 아비 강주(姜籀)가 선조조(宣祖朝)에 대간이 되어 은(銀)을 뇌물로 받은 일 때문에 추국을 받아 거의 죽게 되었다가 겨우 살아났다. 이 때문에 강백년은 처음 벼슬길에 나온 이후 두려워하고 삼감이 특별히 심하여, 일찍이 남의 과실을 논박하지 아니하였고, 자신을 단속하여 청렴하고 검소하였으며, 그 한고(寒苦)가 가난한 선비와 같았다.

강백년은 '청렴' 두 글자를 체득하고 구현하는 일에서 자기 정체성을 찾았다. '청렴'을 윤리적 준거의 틀로 삼아 개인적이고 사회적인 삶을 살았다. 아버지의 잘못을 반면교사로 삼아 청렴결백한 선비정신을 가슴에 담고 평생을 실천하며 산 것이다. 그 밖에 다소 과장된 측면도 있지만 황희 정승의 청백리에 관한 이야기도 조선 시대 선비정신을 대표한다 할 것이다.

이러한 청렴의 가치관은 조선 시대 지식인 계층에만 유효한 것이 아니었다. 그것은 사회 저변에 확산되어 백성들도 '염치없는 놈'이란 말을 최악의 욕으로 인식하였다. 염치는 인간이라면 갖추어야 할 윤리적 기본 덕목이 된 것이다. 또한 상부상조와 평화공존의 유교적 이념은 개인 생활이나 농촌 공동체뿐만 아니라 국가 간에도 적용되어야 한다고 믿었다. 따라서 당시 동아시아 국제 질서를 전쟁과 무력의 혼란으로 빠뜨렸던 일본이나 여진족의 청나라를 '오랑캐'라고 폄하한 것은 당연한 일이었다.

미국의 석학 재레드 다이아몬드(Jared Diamond) 교수는 그의 저서 『어제까지의 세계』에서 그 자신이 더 나은 미래, 더 행복한 삶을 찾아 여행하여 최종적으로 도착한 곳은 다름 아닌 '어제의 세계'라고 말한 적이 있다. 더 건강하게 사는 방법, 노후를 더 즐길 방법, 아이들을 더 자유롭게 키우는 방법을 '어제의 세계'에서 배울 수 있다는 것이다. 특히 전통 사회에서 분쟁을 해결할 때는 잘잘못을 따지기보다는 구성원 간의 관계를 회복하는 게 목적이라는 지적도 하고 있다.

이렇게 볼 때 현대 한국인의 정신적 공허함과 일탈적 행위, 행복감 결여, 인성의 천시, 배려와 나눔의 결여 등의 각종 사회적 병폐를 치유하려면 재레드 다이아몬드가 지적하듯이 '어제의 세계', 즉 현재에서 그리 멀지 않은 '어제의 조선 시대' 선비들의 전통적 정신문화는 쉽사리 방기되어서는 안 되는 가치인 것이다. 또 이들이 중시한 청렴결백의 선비정신이 발전적으로 계승되어야 하는 것은 물론이고, 의리와 절개 및 지조를 목숨같이 여겼던 그들의 정신세계를 회복하는 길이 겨레얼을 복원하는 길과 상통하는 작업이기도 하다.

06.

근대 한국의
유교 정신

위정척사파의 선비정신

　　　　조선 시대의 선비정신은 근대에 이르러서도 면면히 이어진다. 이미 본 대로 조선 시대의 선비는 일상에서 유교적 신념을 담은 유학 경전을 익히고 그 신념을 표현하는 각종 예술을 연마하다가 벼슬길에 나아가서는 유교의 가치에 근거하여 백성을 다스리고 자신이 믿는 가치에 위배되는 말과 행동에 대해서는 간언과 충언을 아끼지 않는 이들이었다. 이런 정신이 근대에도 면면히 이어졌다는 말에 고개를 갸우뚱하는 이들도 있을 것이다. 근대에 이르러 유교는 그 폐해가 적나라하게 드러나 자신과는 다른 신념을 무자비하게 탄압하고 서구에서 밀려들어 온 근대 문명을 싸잡아 부정했으며, 결과적으로는 나라를 망하게 하는 데 일조했으니 그런 생각이 들 법도 하다. 하지만 근대 한국의 유교가 그런 부정적인 모습만 있었던 것은 아니다.

　격동의 근대사를 경험했던 당시 사람들과는 달리 오늘날 우리는 비교적 평안한 마음으로 그 시대를 평가할 수 있다. 당시 사람들은 전통과 근대의 문제를 공정하게 보기 어려웠지만, 오늘날 우리는 그 각

가이 지닌 가치와 폐해를 비교적 균형 잡힌 눈으로 바라볼 수 있는 어유를 갖게 되었다. 우리가 고등학교 한국사 시간에 배웠던 위정척사파, 온건 개화파, 급진 개화파 등은 사실 전통과 근대에 대한 각기 나름의 가치판단을 포함하고 있으며, 그 가치판단의 차이로 인해 생겨난 정치적 견해와 태도를 드러내는 용어들이다.

그런데 많은 사람들은 당시 서구적 근대화가 거스를 수 없고 굉장히 시급한 민족적 과제였다는 점에 주목하여 서구 근대의 과학기술뿐만 아니라 민주 정치 제도까지 수용하려 했던 급진 개화파는 옳았고 서구 근대의 과학기술만을 수용하려 했던 온건 개화파는 철저하지 못했으며, 서구 문명 전체를 송두리째 배척한 위정척사파는 시대의 흐름을 읽지 못한 역사의 지진아였다고 주장한다. 물론 이런 주장 자체가 틀린 것은 아니지만, 평가의 잣대를 오로지 서구적 근대화 하나로만 들이대고 있다는 점에서 일면적이다.

오늘날 우리가 눈여겨보아야 하는 또 다른 잣대는 바로 '전통'이다. 전통문화에는 계승되어야 할 정수도 있고 버려야 할 찌꺼기도 있다. 당시 한민족이 버려야 할 전통의 찌꺼기는 무수히 많았다. 가부장적 이데올로기에 뿌리를 둔 군신·상하·남녀 간의 차별 의식, 그것이 제도화된 군주제와 신분제, 조혼과 축첩 같은 사회 풍습 등이 그 대표적인 것으로 제도가 폐지되고 나서도 그 관념과 풍속의 찌꺼기는 오랫동안 지속되었으며, 이 점을 근대 지식인들은 크게 개탄하곤 했다. 하지만 그와는 정반대의 목소리도 있었음을 우리는 기억해야 한다.

예컨대 근대 유행가가 축음기와 라디오를 통해 울려 퍼지던 1930년대에 한민족의 전통 소리와 가락이 그대로 묻히는 것을 안타깝게 여긴 사람들도 있었고, 서양의학만이 과학이고 한의학은 의학·의술로 취급조차 못 받는 것을 비판한 이들도 있었다. 전통은 그저 깡그리 무시해도 좋을 만한 그런 것이 아니었는데, 많은 근대 지식인들은 그 점을 제대로 보지 못했다. 이보다 약 50년 전인 개화기에 급진 개화파는 일제강점기의 근대 지식인들과 마찬가지로 전통의 폐해에만 주목한 반면, 온건 개화파와 위정척사파, 특히 위정척사파는 전통의 가치를 통째로 긍정하며 이러한 가치에 의해 세워진 전통문화 전체를 철저히 고수하려 했다.

이러한 전통 묵수의 태도는 유교만이 절대적 진리라는 신념 및 문화 전반에 걸쳐 그 가치를 전면적으로 실현한 나라는 조선밖에 남아 있지 않다는 문화적 자부심에 기반을 두고 있었다. 서양의 압도적인 경제적·군사적 힘에도 전혀 굴하지 않을 만큼 그들의 신념은 굳건했고 자부심도 대단했다. 그들의 신념이 시대착오적이고 자부심 또한 실정을 모르는 자만이었다고 비판할 수는 있지만, 적어도 자신이 옳다고 믿는 가치 앞에서 한 치도 굽힐 줄 모르는 꼿꼿함만큼은 선대 선비들의 모습과 일치했다.

상소운동의 재해석

근대 유학자들의 서구적 가치 및 문명 배척과 유교적 가치 및 문화 수호는 전통적인 상소운동을 통해 이루어졌다. 그 상소운동의 서막을 연 화서학파의 거두 이항로는 서양의 가치와 문화를 배격하는 면은 극단적이었으나 전통 사회의 문화를 지키려는 면에서는 긍정적이었다. 조상 제사를 지내지 않고 신분적 속박에서 벗어난 당시의 서양 문화를 부자·군신 간의 도리를 저버린 금수와 같은 것이라 여기는 것이 그 극단적인 일면이라면, 근대 상공업적 문명의 토대 위에서 생산된 공산품과 전통 농업사회의 기반 위에서 생산된 농산품 간의 교역은 조선인의 경제적 삶을 피폐하게 만들 것이라는 예측은 서구 제국주의자들의 경제 침략이 가져올 문제점의 날카로운 통찰이었다.

이렇게 시작된 상소운동은 조선 조정이 일본 및 서구 열강에게 잇달아 개항을 하는 시기마다 전개된다. 조선 조정이 일본에게 개항을 하려 하자 이항로의 제자 김평묵, 최익현 등은 일본 또한 서양 오랑캐와 같다는 왜양일체(倭洋一體)론을 내세우며 개항에 반대한다. 특히 최익현은 도끼를 들고 한양에 나타나 일본에게 개항을 하려거든 도끼로 자기 목부터 치라고 한 것으로 유명하다. 또 중국을 섬기고 일본·미국과 연대해야 한다는 중국 외교관 황준헌의 『조선책략』이 조선에서 널리 유포되고 조선 조정이 서양 열강과의 조약 체결을 서두

면암 최익현 ●────────────────────

최익현은 유길준의 회유에 "내 머리를 자를지언정 내
머리카락은 자를 수 없다"고 답하였다.(출처: 문화재청)

르자 이에 반대하는 상소운동이 대규모로 전개되기도 한다. 당파에 관계없이 전국적으로 수많은 유생들이 참여한 이 운동은 영남 유생 1만여 명이 연명 상소하는 만인소가 출현할 정도로 가장 강력했다.

위정척사파의 상소 내용과 그 운동의 의미 평가는 지금도 분분하다. 과거에는 정치적 보수주의자들이 봉건 질서를 옹호하는 시대착오적 주장이었다는 평가가 대세를 이루었지만 최근에는 서구 문명의 본질을 꿰뚫어본 선견지명이 있었다는 점은 높이 평가해야 한다는 반론도 만만치 않다. 또 당시의 상소운동은 압도적인 다수의 지지를 받고 있었다는 점에서 전 민족적 운동이었다고 하여 적극적인 의미를 부여하는 입장도 있는 반면, 왕조 사회에서 누구나 자유롭게 공론을 형성하는 열린 소통의 장은 없었다는 점에서 상소운동이 전 민족의 의견을 반영하는 것은 아니라는 반론도 있다.

이 대립된 의견 중 어느 하나의 입장에만 설 필요는 없다. 위정척사파가 외세의 침략성을 꿰뚫어본 것, 그런 견해를 가진 조선 사람이 상당수 있었다는 점은 분명한 사실이고, 이들이 사상적으로 폐쇄적인 태도를 갖고 신분제나 왕조 통치를 옹호했으며, 이들의 견해가 전 조선 민중의 자유롭고 활발한 의사소통을 통해 형성된 공론이 아니었다는 점도 사실이기 때문이다. 근대의 문턱에 선 유학자들은 전통과 근대 사이에서 자신을 성찰하는 동시에 그 정수를 계승하고, 자신과 다른 것이 지닌 폐해를 지적하는 동시에 그 장점을 취하는 지혜를 발휘하지는 못했다. 이 점에서 그들의 한계는 분명했다.

하지만 이들을 꼭 시대착오적이라고 매도할 수만은 없다. 이들의 자기 문화에 대한 자긍심과 외세의 침략성에 대한 통찰은 이후 계속되는 고난의 역사 속에서 의병·독립운동 등 잃어버린 민족의 주권을 회복하기 위한 저항과 투쟁, 혹은 민중의 자각을 일깨우는 계몽운동이나 민족의 전통문화를 수호하려는 노력으로 이어지기 때문이다.

요컨대 위정척사파의 사상적 태도, 시대 인식은 일면적이었다는 비판을 면키 어려우나 적어도 옳다고 믿는 신념을 목숨을 내걸면서까지 지키는 선비정신은 높이 사야 할 것이다. 명성황후가 무참히 살해당한 뒤 친일파 내각에 의해 시행된 단발령에 대한 최익현의 저항은 이 선비정신을 가장 극적으로 보여준다. 요즘 사람들이야 머리카락 자르는 게 뭐 그리 대수냐고 생각하겠지만 당시 조선인들에게 그것은 단순히 머리카락 한 올의 문제가 아니었다. 일본군이 머리를 자르지 않는 자는 모두 죽이겠다고 엄포를 놓는 가운데 고종과 태자의 반강제적 단발이 행해졌고, 그 다음에는 순검들에 의해 길거리를 오가는 사람들의 강제적 단발이 행해졌다. 급기야 이에 반발하는 유생들의 상소가 빗발치고 이에 당황한 친일 내각은 최익현을 옥에 가둔 뒤 단발을 회유한다. 명망이 높은 최익현을 설득하면 유생들도 잠잠해지지 않겠느냐는 계산이었다. 이때 최익현이 내부대신 유길준에게 한 답이 내 목을 자를지언정 내 머리카락은 자를 수 없다는 말이었다. 내 몸 어느 것 하나 부모님에게 받지 않은 것이 없으니 그것을 감히 훼손할 수 없다는 전통 유교 윤리를 거스를 수 없다는 발언이다.

그것을 케케묵은 생각으로만 치부할 수 없는 이유는 당시 최익현을 비롯한 다수 조선인들에게 단발이란 조선인들이 믿는 올바른 가치와 삶의 양식을 폭력적 수단으로 무참히 짓밟는 야만적 행위로 여겨졌기 때문이다. 이런 야만적 폭력 앞에서 머리카락 한 올조차 자를 수 없다고 저항한 최익현의 태도는 선비정신의 근대적 표현이라 하겠다.

유교적 계몽운동가 박은식

개항기의 유학자들 대다수가 자신이 믿는 신념을 지나칠 정도로 확신하고 있었다고 한다면 망국이 현실화되는 1900년대부터 일부 선구적 유학자들은 유학에 성찰적인 태도를 보이게 된다. 그리하여 앞선 시기에는 전통과 근대가 주로 충돌로 일관한 반면 이 시기에는 전통과 근대의 융합이 모색되기 시작한다.

일부 유학자들의 태도에 이런 커다란 변화가 생겨난 것은 무엇보다 조선 멸망의 책임이 상당 부분 유교에 있다는 개화 인사들의 비판에 큰 자극을 받았기 때문일 것이다. 예컨대 춘원 이광수는 유교가 옛것만을 숭배하고 중화만을 존숭했으며, 경제 발전을 무시하고 신분적 차별을 당연시하고 상무 정신을 결핍되게 만들었으며, 과학을 천시했다고 지적하며 유교는 저주받아야 마땅하다고 주장했다. 그리고 이런 생각은 비단 이광수만 갖고 있었던 게 아니다. 서구적 근대화를

• **박은식 묘소**

망국 직전 애국계몽운동에 적극 참여하고 전통 유교의 혁신을 모색하였다.(국립서울현충원임정 묘역)

통해 힘을 기르고 그 힘으로 주권을 되찾아야 한다고 생각한 대표적인 엘리트 지식인들이 대부분 그렇게 생각했다. 그리고 이런 분위기 속에서 유학 내부에서 자기반성과 자기 혁신을 주장하는 이가 등장하는데, 그 대표 인물이 바로 박은식이다.

박은식(1859-1925)은 보통 독립운동가이자 역사학자로 알려져 있지만, 그것은 중국 망명 후의 일이고, 그 이전까지 그는 유학자·언론인·교육자였으며, 특히 애국 계몽 운동을 활발히 펼친 인물이었다. 18세기 후반 유럽에서 일어난 계몽주의가 이성의 빛으로 구습을 타파하기 위해 정치적 투쟁으로 나아가거나 개인의 내적 각성을 부르짖은 이념이었던 것과는 달리, 한국과 중국처럼 망국의 위기에 직면한 민족들에게 그것은 애국, 즉 구국의 목적과 긴밀히 결합되었다. 그런데 박은식은 구사상의 상징인 전통 유교를 자신의 중심 사상으로 삼았다는 점에서 동아시아 애국 계몽 운동의 일반적 조류와도 구별된다.

망국 직전의 한민족에게 대체로 애국 계몽이란 근대적 산업을 진흥시키고 근대적 정치사상을 선전하며 민족의식을 고취시킴으로써 빼앗긴 나라의 주권을 되찾을 목적으로 사립학교를 세우고 학회를 조직하고 종교 단체를 세우는 운동이었다. 따라서 그것은 우선 서구적 근대화의 길로 나아갈 것을 역설하되 그것의 대중적 인식의 확산을 도모했다는 점에서 개화파의 노선을 계승·발전시킨 것이라 할 수 있다. 하지만 박은식을 비롯한 개명한 유학자들의 경우에는 전통 유교를 종교적·철학적 신념으로 삼았으며, 서구적 근대화 노선과 전통 유교의 융합을 시도하고 있었다는 점에서는 위정척사파를 비판적으로 계승한 측면 또한 있다고 하겠다.

이런 새로운 시도를 박은식만 한 것은 아니었다. 예컨대 천주교 신부 로베르와 유교·천주교 교리 논쟁을 벌이기도 했던 이기(李沂, 1848-1909)는 주자학적 신념을 고수하면서도 민주적 입헌군주제의 실시를 주장하고 을사오적 암살을 계획하기도 했다. 또한 '시일야방성대곡'으로 유명한 장지연은 유교적 신념을 고수하면서도 사회진화론을 수용하여 약소국이 자주독립을 유지하기 위해서는 국력을 키워 나아가야 함을 주장하기도 했다.

이렇게 당시에 애국 계몽 운동을 벌인 유림들은 박은식 한 사람만이 아니었다. 하지만 전통 유교의 비판적 성찰을 통해 유교의 현대화를 모색하고 그것과 서구적 근대화 사이의 긴장 관계 또한 간파했으며, 무엇보다 자신의 신념을 바탕으로 일제의 조선 침략에 끝까지 저항한 인물은 박은식이 대표적이다.

박은식은 보수 유림들처럼 유교적 가치를 맹목적으로 묵수하지도 않았고 개화 지식인들처럼 유교를 무조건 비판만 하지도 않았다. 그는 전통 유교의 찌꺼기를 신랄하게 비판하면서도 그 정수를 계승하고 발전시키고자 했다. 그가 비판한 전통 유교의 찌꺼기는 아래 세 가지 측면을 포함한다.

첫째는 전통 사회에서 유교가 주로 제왕의 주위에만 맴돌고 민중들에게 가까이 다가가지 못했다는 점이다. 물론 유교에는 민중들이 커다란 복지를 누리며 행복한 삶을 살기를 꿈꾸는 대동사회의 이상도 있고 백성이 가장 귀하고 임금은 가볍다는 민본 사상도 있다. 하지만 전통 유교는 전체적으로 볼 때 군권 숭상이 주류를 이루어 왔지, 민중의 자각을 강조하며 민중을 주체로 여기는 시각은 찾아보기 어렵다. 앞서 전통 유교가 지배하던 전통 사회에서 근대적 의미의 민족 의식은 없었거나 약했다고 규정한 이유도 여기에 있다. 이러한 사실을 의식하고 박은식은 유교가 새로워지려면 대동사상이나 민본주의를 되살려 민중적 유교로 거듭나야 한다고 주장했다.

둘째는 전통 유교에는 세상을 구원하려는 적극적인 자세가 상당히 결여되어 있다는 점이다. 기독교 선교사들은 목숨을 걸고 자신의 신앙을 세계 구석구석까지 전파하고 있는데, 유림들은 남들이 자신을 찾아와 가르침을 구하기만을 앉아서 기다릴 뿐, 자신의 신념을 널리 전파함으로써 세상을 구원하려는 정신이 매우 부족하다고 하면서 열국을 주유하며 자신의 주장을 펼치던 공자와 맹자의 정신으로 돌아갈 것을 주문했다.

셋째는 조선의 유교가 주자학 일변도로만 흘렀다는 점이다. 물론 박은식은 주자학의 방대한 체계와 그것이 유학 발전에 미친 공헌을 인정한다. 그러나 주자학은 복잡하고 끝이 없는 공부를 요구하기 때문에 서양의 근대 학문을 익히는 것이 급선무인 근대 대중들에게는 적합하지 않고 오히려 조선 시대에 극도로 배척해 온 간단하고 쉬우며 단도직입적인 양명학을 중심으로 유교가 새로운 출구를 모색해야 한다고 주장했다. 이처럼 다소 실용적인 이유에서 제시된 양명학 중심으로의 유교 재편은 유교를 종교화해야 한다는 생각과 맞닿아 있으나, 그것을 통해 유교를 현대화하고 대중화하여 대중 계몽의 목적을 달성하려 했다는 점에서 후대에 이희승·이병헌이 벌인 유교의 종교화 자체가 목적이었던 공교(孔敎) 운동과는 그 성격이 사뭇 다르다.

양명학을 중심으로 하는 박은식의 유교적 신념은 자신의 서구적 근대화 노선과 긴장 관계를 이루기도 한다. 그는 임박한 망국이라는 현실 앞에서 사회진화론을 수용하여 경쟁과 산업 진흥을 통해 민족이 강해지고 종국에는 독립을 쟁취하기를 꿈꾸었다. 그러나 그는 개화파 지식인들과는 달리 서구적 근대를 맹종하지 않았다. 그는 양명학적 신념으로 생존경쟁·적자생존·우승열패를 핵심으로 하는 서구의 사회진화론이 강대국의 약소국에 대한 무자비한 침략으로 현실화된다는 점, 서구의 근대적인 과학기술이 대량 살상과 침략의 수단이 되어 버린 점 등을 비판하면서 유교적 양심이 현실에 대한 감찰관 노릇을 해야 함을 역설했다.

하지만 당시 조선이 처한 위기상황과 그 위기에 대한 자기 보호 본능의 반영으로 민족이 생존하기 위해서는 경쟁이 불가피하고 근대 과학기술의 도입이 필수적임을 적극 주장하기도 하여 전통 유교적 신념과 서구적 근대화 노선 사이에 내적 긴장 관계를 보이기도 한다.

언론과 학회를 매개로 국권 회복을 목표로 한 활발한 계몽 운동이 망국의 대세를 돌이키지 못하고 일제의 조선 강점이 완전히 이루어지자 박은식은 중국으로 망명의 길을 택하고 이를 계기로 또 한 차례의 사상적 변화가 일어나게 된다. 나라의 몸은 없어졌지만 혼만이라도 보존한다면 부활이 가능할 것이라는 국혼 혹은 민족혼 의식을 바탕으로 그는 보존해야 할 민족혼의 핵심을 신교(神敎)와 한민족의 역사로 파악하여 대종교에 귀의하고 역사 연구에 몰두한다.

단군조선은 건국신화가 이야기해 주듯이 신교를 국교로 했고 이러한 신교의 전통은 고구려와 신라에도 그대로 계승되었으며 조선 말엽에는 대종교가 탄생하기에 이른다는 주장에서 우리는 유학자로서의 박은식이 아닌 대종교 신도로서의 면모를 보게 된다. 또 역사 연구를 통해 한민족뿐만 아니라 만주 각지에 분포되어 있던 제 민족을 대동(大東) 민족이라 하여 우리 역사 속에 편입시킨다. 고조선 역사를 고찰하여 대동 민족은 모두 단군조선에 뿌리를 두고 있으며 비록 기자조선의 등장으로 한족과 뒤섞이기는 했지만 주체는 여전히 단군 세력으로 한족 세력은 거기에 동화되었다고 하여 단군조선이 우리 민족의 혈연적 뿌리이고 그 영향력은 만주 전역에까지 미쳤음을 강조한다.

또 연개소문이나 대조영에 대한 역사소설을 집필하여 이들이 민족적인 위기상황에서 나라를 구한 영웅이며, 이런 영웅의 정신을 본받을 것을 강조함으로써 일제 강점하에서도 한민족이 독립의 희망을 잃지 않고 투지를 불태우자고 주장한다. 심지어 금나라 역사마저도 우리 역사로 간주해 발해를 이어 만주의 영토를 회복하고 고구려의 한을 풀어 준 금태조를 꿈속에서 만나 조선 망국의 원인과 독립의 방책을 묻는 저술을 남기기도 한다.

이러한 역사 서술의 관점과 내용을 그대로 받아들이기는 어렵다 하더라도 민족 주체적 역사의식을 세움으로써 일제에 대한 저항과 독립의 의지를 고취시켰다는 점은 매우 소중하다. 요컨대 박은식은 몇 차례 커다란 사상적 전환을 하고 만년에는 유학을 벗어나기는 했어도, 불의에 목숨 걸고 저항하는 선비정신만큼은 일생을 통해 면면히 흐르고 있었다고 하겠다.

저항으로서의 전통 연구

동아시아의 전통 사회가 근대사회로 이행하는 과정을 살펴보면 대체로 전통 유교는 비판을 받으면서 그 기능이 약화된 반면 서구적 근대 문화는 신문화로 수용되면서 그 영향력을 급속히 확산시켜 나간다는 점은 공통적이다. 하지만 신문화운동이 일어난 한·중 양국의 상황을 자세히 들여다보면 전통에 대한 태도에 비교적 커다란 차이가 있었다는 점 또한 발견된다. 1910년대 중반부터 시작된 중국의 신문화운동(1917-1921)은 전통문화, 특히 공자로 대표되는 유교 문화를 비판하는 사상운동의 성격을 강하게 띤다. 중국 사회가 근대화되지 못한 심층적 원인이 전통 유교의, 혈연을 기초로 한 가부장적이며 봉건적인 관념 그 자체에 있다고 보았기 때문이다.

반면에 1920년대에 시작된 한국의 신문화운동은 일제의 문화 통치 정책으로 제한적이나마 열린 공간에서 조선인의 근대적 각성과 조선 고유의 문화 전통에 대한 선양을 목적으로 실력 양성론의 입장에 선 민족주의자들에 의해 전개된다. 여기서 보이는 양국 신문화운동의 차이는 중국의 경우 근대화를 위해 전통과 철저히 단절을 시도하는 반면 한국에서는 오히려 전통을 보전하고 계승하는 것이 근대화와 처음부터 대립적으로만 설정되지는 않는다는 점이다.

신문화운동 외에도 중국은 문화대혁명을 겪으면서 전통과 완전히 단절했고 이로 인해 봉건적 요소는 상당히 사라졌는지 몰라도 우수한 전통문화마저 심하게 파괴되는 결과를 낳았다. 반면 한국은 유교가 망국의 주범으로 비판받고 서구화의 물결 속에서 점차 등한시되기는 했어도 유교 문화와 인위적으로 단절하려는 격렬한 사상운동은 한 번도 일어난 적이 없고 오히려 유교는 민족정신과 민족문화를 보전하고 발양하는 데 긍정적인 것으로 평가되어 왔다. 그래서 오늘날 한국 문화에는 여전히 가부장적이고 봉건적인 유교 문화가 많이 남아 있고 유교의 우수한 전통 또한 그리 심하게 훼손되지 않은 채 보전되고 있는 것이다.

아이러니하게도 한국에서 전통이 이렇게 긍정되고 비교적 온전히 보전될 수 있었던 요인 중 중요한 한 가지는 한국이 일제의 식민지였기 때문이다. 일제는 한국을 강제로 합병한 후 식민 지배를 정당화하기 위해 내선일체나 일선동조론을 내세워 조선인을 동화시키려고 애썼다. 또 조선인의 열등의식을 조장하기 위해 조선의 역사를 날조하고 문화 전통을 깎아내렸다. 한국의 경우 근대에 전통을 비판하며 무시한 이들은 주로 일제였던 것이다.

반대로 조선 고유의 전통문화를 알아야 한다고 외치고 그것을 학문적으로 연구한 이들은 대부분 일제의 동화정책에 문화적으로 저항한 진보적인 인사들이었다. 조선의 언어·역사·문학·철학 등을 연구하자는 1930년대의 이른바 조선학 운동은 단지 이미 과거가 되어버린 조선을 회고하며 자위하자는 운동이 아니었다. 그것은 일제가 교묘하게 유포하는 조선 멸시의 이데올로기에 대항하기 위한 운동이었다. 당시 조선학 운동을 주창한 문일평, 안재홍 등은 서구 근대의 신문화를 적극 수용하는 동시에 조선학을 연구해 조선 문화의 특수성을 잘 드러내는 것 또한 세계 문화에 기여할 수 있는 조선인의 시대적 사명이라 역설했다.

정인보의 양명학과 조선학

문일평과 안재홍 등이 운동의 차원에서 조선학을 제창했다면 정인보(鄭寅普, 1893~1950)는 유학자이자 역사학자로서 조선학의 내용을 채운 인물이다. 주지하다시피 정인보는 한국 근대를 대표

담원 정인보 ●━━━━━━━━━━━━━━

일제 강점기의 한학자 · 역사학자 · 작가이며, 대한민국의
언론인 · 정치인 · 작가이다. 대한민국 정부의 초대 감찰위원장이었다.

하는 지식인이며 한국 최초의 '양명학사'(陽明學史)라 할 수 있는 『양명학연론』(陽明學演論)을 저술한 인물로 유명하다. 학계의 통설에 따르면 그는 근대 한국에서 민족주의적 국학(國學) 연구의 선구자이자 '강화양명학파'의 후예이며, 한학자이자 민족주의 역사학자로서도 활동한 인물이었다.

그는 '실심(實心)', 즉 실용·실사구시적 학문에 바탕을 둔 국학 연구를 전개했는데, 특히 〈동아일보〉에 2년(1935.1.1-1936.8.28)에 걸쳐 연재한 「오천 년간 조선의 얼」에서는 조선 500년 역사 연구의 근본을 '단군조 이래 오천 년간 면면히 이어져 흘러 온 얼(魂)에서 찾고 조선 역사는 곧 한민족의 '얼의 역사'임을 강조했으며, '국학'이라는 말을 처음 사용하고 국학 연구의 기초를 양명학에 근거한 '실학'(實學)에서 찾았던 인물이다.

또 그는 이와 같은 학문 정신에 근거하여 1946년 민족사로서의 올바른 역사를 일반 대중에게 알리고자 『조선사 연구』를 집필했으며, 주자학자들의 공리공론(空理空論)과 존화사상(尊華思想)을 비판하면서 유학의 개혁을 주장했고, 지행합일(知行合一)의 『양명학연론』을 〈동아일보〉에 연재하였다. 이렇게 볼 때, 정인보의 학술 세계 전체를 지배하고 있던 사상적 근거는 '실심'에 바탕을 둔 양명학이었음을 쉽게 이해할 수 있다.

정인보는 관념이 아니라 실심(實心)의 입장에서 과거 조선의 역사를 '허(虛, 공허)와 가(假, 거짓)'의 역사라고 비판한다. 그가 여기에서 논거로 제시하는 깃은 '딩쟁'과 '세도정치'인데 당쟁은 말 그내로 당파 간의 싸움이며, 세도정치는 왕실의 근친이나 신하가 강력한 권세를 잡고 온갖 정치적 사건을 마음대로 농단하는 정치를 가리킨다.

오호라, 수백 년간 조선의 역사는 실로 『허와 가』로서의 연출한 자취이라. 최근 수십 년래로 풍기 점점 변하게 되매 삼척동자라도 전인(前人)이 잘못한 것을 지적할 줄 안다. 그러나 전인을 공박하면서 의연히 도루 그 자취를 따르지 아니하는가. 이 말은 누구나 반대하리라.…(중략)… 수백 년간 역사를 세열(細列)하지 말고 우선 큰 자취만 들어 보자. 말기(末期)를 결(結)로 하여 가지고 가론 당쟁(黨爭)이요, 가론 살육(殺戮)이요, 가론 세도(勢道)이니, 지는 패는 죽이어 없애게 되고 죽이고 나면 세력이 한편으로 모인다. 이렇게 엎치락 뒤치락 하는 동안에 만사(萬事) 이미 대거(大去)하였다.

이 문장에서 그는 조선의 역사를 세 단어로 압축하여 설명한다. 그 것은 당쟁, 살육, 세도 세 가지이다. 조선 시대의 전체 역사는 이 세 단어로 상징할 수 있으며 결국은 이와 같은 과정이 '공허와 거짓'의 역사라는 것이다. 그는 조선의 학문과 정신세계도 다음과 같이 비판적으로 정리한다.

조선 수백 년간 학문으로는 오직 유학(儒學)이요, 유학으로는 오직 정주(程朱)를 신봉하였으되, 신봉의 폐(弊) 대개 두 갈래로 나뉘었으니, 일(一)은 그 학설을 받아 자가편의(自家便宜)를 도(圖)하려는 사영파(私營派)이요, 일(一)은 그 학설을 배워 중화적전(中華嫡傳)을 이 땅에 드리우자는 존화파(尊華派)이다. 그러므로 평생을 몰두하여 심성(心性)을 강론(講論)하되 실심(實心)과는 얼러볼 생각이 적었고 일세(一世)를 휘동(揮動)하게 도의(道義)를 표방하되 자신밖에는 보이는 무엇이 없었다. 그런즉 세강(世降) 속쇠(俗衰)함을 따라 그 학(學)은 허학(虛學)뿐이요, 그 행(行)은 가행(假行)뿐이니 실심으로 보아 그 학(學)이 허(虛)인지라, 사계(私計)로 보아 실(實)이요, 진학(眞學)으로 보아 그 행(行)이 가(假)인지라, 위속(僞俗)으로 보아 실(實)이다. 그러므로 수백 년간 조선인의 실심(實心) 실행(實行)은 학문영역 이외에 구차스럽게 간간 잔존하였을 뿐이요, 온 세상에 가득찬 것은 오직 가행(假行)이요 허학(虛學)이라.

여기에서 그는 조선의 학문 풍토를 논하면서 조선의 학문과 정신은 오로지 유학 중에서도 정주학(程朱學, 즉 주자학)이 독점적 지위를 차지하였고, 그 주자학파는 또 자기 자신과 가족의 입신출세만을 도모하는 '사영파'와 소중화주의에 입각한 '존화파'의 두 학파만 있었다고 주장한다. 그 때문에 주자학의 관념론적 심성만을 의론한 나머지, 실천적인 '실심'(實心)은 배제되었다는 논리를 펼치고 있다. 의심할 여지없이 그가 말하는 '실심'은 양명학의 '실심'이었다. 이와 같은 주자학의 병폐로 인해 조선의 학문은 '허학'(虛學)[거짓된 학문]으로 흐르게 되었고, '거짓된 행동'[假行]이 만연하게 되었으며, 당파 간의 당쟁으로 인한 살육의 역사로 이어졌고 세도정치의 폐해로 나타났으니, 이제 는 '진학'(眞學, 진실된 학문)을 일으켜야 한다는 것이다. 그의 이 문장과 『양명학연론』의 총체적 주장을 표로 만들면 다음과 같다.

조선의 역사와 학문에 대한 비판	양명학 부흥으로 조선의 정신 주장
- 허(虛)와 가(假)의 역사, 유학(朱子學) - 허학(虛學), 가행(假行) → 당쟁(黨爭), 살육(殺戮), 세도정치(勢道政治)의 폐해(弊害)	- 실심(實心), 실학(實學)으로서의 양명학(陽明學) - 진학(眞學), 실심(實心), 실행(實行)

그는 「오천년간 조선의 얼」에서 조선의 유교, 즉 주자학을 비판했을 뿐만 아니라, 불교에도 비판적 반성을 촉구했다. 불교는 한국 땅에 들어와서 우리 민족의 혼을 죽였고 유교는 사대주의라는 고질병을 안겨 주어 우리 민족 고유의 '얼'을 해친 사상이요 종교라는 일면이 있었다는 것이다. 따라서 우리 민족의 참다운 정신, 즉 참다운 '조선의 얼'은 불교나 공자로 대표되는 유교의 가르침에서 나온 것이 아니라 시원적으로는 단군의 가르침에서 비롯되었다고 보았다. 다시 말해 우리의 자생적이고 본래적인 정신인 단군교의(檀君敎義)에서 우리나왔다고 보았다.

정인보에 따르면 우리 민족 고유의 얼은 단군의 가르침인 홍익인간(弘益人間)이다. 이 가르침이 『삼국유사』나 이승휴의 『제왕운기』에 쓰일 정도라면 그것은 그때 이미 민족 공통의 가르침으로 정착되었다고 보아야 한다고 주장한다. 그것이 고려 시대에 갑자기 나온 말이 아니라 반드시 오랜 역사적 뿌리가 있었으리라는 것이다. 홍익인간이라는 단군의 가르침은 오래전부터 대대로 부조모계(父詔母戒: 아버지가 알리고 어머니가 타이르다)로 전승되어 내려왔다고 보아야 한다는 것이다.

이와 더불어 그는 홍익인간의 구체적 내용의 예를 최치원의 풍류에서 찾고, 원광법사의 세속오계(世俗五戒) 등에서 찾고 있다. 또 겨레얼의 전통적 문화 양식으로서 상고시대의 제천행사를 예로 들고 있다.

이렇게 볼 때 정인보는 조선 시대의 주자학적 폐단, 즉 유교적 폐단을 비판적으로 검토하면서 이는 진정한 조선의 얼이 아닌 것이기에, 마땅히 조선의 얼을 되살리기 위해서는 양명학의 실심·실학에서 찾아야 함을 역설하고 있는 것이다. 더불어 우리 민족 겨레얼의 뿌리를 단군의 가르침인 홍익인간으로 거슬러 올라가야 한다고 주장하면서 풍류와 세속오계 등이 한국적 정신이고, 상고시대의 제천행사가 우리 문화의 심층에 자리 잡고 있다는 논리를 펼치고 있음을 알 수 있다. 우리는 바로 이와 같은 정인보의 정신세계 속에서 조선의 얼과 정신의 명암(明暗)을 이해할 수 있는 것이다.

다산 초당 ●━━━━━━━━━━━━━━━━━━━━━━━━━━━━━━━━━

이곳은 정약용이 강진으로 유배되어 11년간 머물면서 많은 책을 저술한 곳이다.(전남 강진
소재, 출처: 문화재청)

조선학 운동과 겨레얼

정인보와 조선학의 내용적 연관성은 1934년 정약용 서거 99주년 기념사업과 이듬해 『여유당전서』의 간행 개시로 조선학 운동이 본격화된다는 사실만 보아도 알 수 있다. 조선학에 포함될 수 있는 것이 한두 가지가 아닌데 왜 하필 정약용 연구 사업에서 조선학이 본격화되었을까? 그것은 바로 조선이 역사적으로 늘 정체되어 있었다는 일본 학자들의 주장이 잘못되었음을 가장 뚜렷이 보여주는 것이 정약용의 실학사상이었기 때문이다.

정인보가 말하는 조선학이 조선의 학문 전반을 통틀어 가리키는 것은 아니라는 점에서 그것은 오늘날의 한국학과는 다른 개념이다. 예컨대 조선 성리학은 조선학의 범위에 포함되지 않을뿐더러 정인보는 그것의 뿌리인 정이천 · 주자의 학문을 공허하고 거짓된 학문으로 규정한다. 이 공허하고 거짓된 학문이 수백 년간 조선을 지배하여 한편으로는 자신의 사익만을 도모하는 이기적 인간들을 낳고 다른 한편으로는 중화를 존숭하는 사대주의자들을 낳았다고 비판한다. 겉으로는 큰 나라의 것이라면 무엇이든 맹목적으로 숭배하고 음으로는 자신의 이익만을 도모하는 그런 풍조는 현대에 이르러서도 바뀌지 않아 영국의 어느 학자 · 프랑스의 어느 대가 · 독일의 어느 박사 · 러시아의 어느 동지가 한 말이라면 세계적인 학문이라 여겨 그것들에 의존하며 그것을 사익을 도모하는 데 이용해 먹으려고 한다고 지적한다.

그러면서 이런 허학(虛學)에 상대되는 것으로 실학을 주장하며 그런 실학의 흐름이 18세기 조선의 유형원에서 시작되어 이익을 거쳐 정약용에 이르러 집대성되었음을 밝혀낸다. 공허한 주자학을 비판하면서 정치제도·역사·지리·천문·역법·수학·농학 등을 아우르는 실용적 학문이며, 중국에 대한 사대 의식에서 벗어나 조선을 중심으로 주체적인 학문을 세웠다는 점에서 진실한 학문이라 평가하며 이러한 실학을 비롯하여 양명학에 이르는 조선 후기 반주자학적 경향의 학문을 근세 조선학으로 설명한다.

애국 계몽기의 박은식과 마찬가지로 정인보도 양명학을 자기 철학의 핵심으로 삼았다. 특히 양명학의 양지(良知)에 그 나름의 설명은 얼 사관과 하나로 연결된다는 점이 매우 특징적이다. 그는 모든 사람이 하늘로부터 선천적으로 부여받은 양지가 옳은 것을 좋아하고 그른 것을 싫어하는 도덕적 감정으로 그대로 드러나 활동한다는 양명 좌파의 시각을 수용한다. 나아가 타인의 아픔을 그대로 나의 아픔으로 여기는 간격 없는 소통, 즉 감통(感通)에 기초하여 민족의 아픔을 나의 아픔으로 여겨 그 민족적 아픔을 해결하기 위해 고투할 것을 요구한다.

이렇게 설명한 양지 개념을 그는 다시 얼 개념과 일치시킨다. 얼을 모든 사람이 선천적으로 지니고 있으며 사람들은 그것에 의해 옳고 그름을 판별할 줄 안다고 말하는 대목이 정확히 그렇다. 또 양명학의 양지가 도덕적 주체성을 부각시키는 개념이듯이 얼 또한 남과 구별되는 자신만의 주체성이라 설명한다. 이 자신만의 주체성이라는 개인적 차원의 얼이 민족적으로 확장되면 민족의 얼이 되는 것이다. 정인보는 한민족의 역사 저변에 이 민족의 얼이 면면히 살아 숨쉬고 있다고 주장한다. 민족사는 곧 얼의 전개 과정이라는 것이다.

이러한 역사관에 근거하여 그는 단군은 신화일 뿐이라는 일제의 주장에 대해 단군조선은 역사적으로 실재했다고 반박했다. 또 한사군이 한반도 안에 있었다는 주장도 조목조목 비판을 하는 등 고대사 영역에서 식민주의 사학과 정면으로 대립했다. 한민족의 얼이 단군조선부터 시작되어 면면히 이어져 왔음을 밝히기 위해서는 가장 중요한 작업이었던 것이다.

물론 이런 조선학 운동에 비판적인 시각도 있었는데 대표적으로 당시 사회주의자들은 이 운동을 국수주의라 매도했다. 이들은 당시 조선학 운동이 민족의 특수한 면만을 지나치게 강조하여 보편적인 역사 발전의 법칙을 무시하고 '얼'을 내세워 역사를 신비화한다고 비판했다. 일리가 없는 말은 아니지만 당시 조선이 식민지 상황이었음을 생각할 때 사회주의자들의 역사관이 도리어 보편적인 측면에만 지나치게 주목하고 역사법칙을 기계적으로 대입한다는 비판을 면키 어려운 것으로 보인다.

일제가 조선적인 것을 멸시하고 사회주의자들은 조선적인 것의 강조를 비난했지만, 민족주의자들이 우리 것을 알자고 호소했던 것은 당시 조선 민중의 정서에 부합하는 것이었다. 일제강점기 내내 조선인들은 조선인이라는 사실 하나만으로 온갖 설움과 울분 속에 살아

야만 했다. 흰옷을 입었다 하여 먹통을 든 순시들에게 먹물 세례를 받아야 했고, 조선인은 원래부터 나태하고 게을러 위생 상태가 나쁘다는 소리도 들어야 했다. 또 조선 민족은 자기 주체성이란 없이 늘 큰 나라나 섬기고 당파 싸움으로 끊임없이 분열하다 결국 나라가 망하게 되었으니 망국의 책임은 열등한 조선인 자신에게 있다는 소리 또한 물리도록 들어야 했다.

이런 조선인들에게 조선을 알자는 외침은 일제의 교묘한 동화정책 속에서 민족의 자기 정체성을 지켜야 한다는 몸부림이었는지도 모른다. 그러한 몸부림 속에 겨레얼이 있었다는 것은 부정하기 어렵다. 꼿꼿한 선비로 한평생을 살면서 일제강점기 내내 민족의 얼을 고취하는 글과 강의에 매진했던 정인보는 그러한 몸부림의 대명사라 할 법하다.

07.

신명의
근대적 개화

조선의 신명과 풍류

　　　　　이미 본 대로 '욱'하는 정서는 한국적 신명과도 통한다. 이러한 신명은 민중적 정서의 근간을 이루어 왔다. 조선의 성리학은 한국 사상이나 철학을 연구할 때 빼놓을 수 없는 중요한 주제이지만, 풍류 정신과 관련해 보면 조선 유학의 높은 철학은 극소수의 선비들에게서만 연구되었지 국민들과는 거의 관계없이 흘러갔다. 일부 인물의 머리에서만 존재했지 대다수 국민들의 몸과는 거의 관계없이 있었던 것이다. 그런 점에서, 앞에서도 상세히 보았듯이, 유학에 기반한 선비정신은 일제시대까지 다른 양상으로 이어지기는 했지만, 민중적일 정도로 한국 사회의 독특성을 규정하는 것이었다고 말하기는 힘들다.

　　그래서 그랬는지 조선이 망하자 성리학은 그 영향력이 급격히 줄어들었다. 그것을 담당하던 선비라는 아주 얇은 계층이 없어졌으니, 어쩔 수 없는 일이었을 것이다. 선비정신이 일본에 저항하고 민족성을 회복하기 위한 노력으로 나타나기도 했고, 오늘날도 완전히 사라진 것은 아니지만, 분명히 민중의 심층에 있는 주류는 아니다.

실제로 지금 우리가 사는 현대 한국 사회에서 성리학을 느낄 수 있는 단초는 별로 발견되지 않는다. 이것은 성리학이 조선에서만 발견되는 고유의 것이 아니라 고유의 정신과 섞이려는 시도도 딱히 하지 않았기 때문에 생긴 당연한 결과가 아닐까 한다. 추단컨대 조선의 성리학자 가운데 원효나 혜숙처럼 백성들 속에서 신분을 떠나서 음주가무를 하면서 성리학을 전한 선비가 있었더라면 성리학이 이렇게 쉽게 사라지지는 않았을 것으로 생각된다.

그럼 고유의 풍류 정신은 조선 시대를 거치면서 오늘날 다 사라진 것일까? 그렇지만은 않다. 조선 사회에서 고유의 풍류 정신을 전승해 담고 있는 사람을 꼽으라면 일단 무당을 들 수 있고, 또 민간도교계의 인사(이른바 '도사')를 들 수 있을 것이다. 특히 무교가 풍류 정신을 전승했고, 무교에 어떤 형태로든 남아 있으리라는 것은 쉽게 짐작할 수 있다.

그렇지만 풍류 정신이 전승된 것은 맞지만, 창조적으로 심화 발전되지는 못했다. 무교가 대체로 주술적인 구복 차원에 머물러 왔기 때문이다. 실제로 한국 종교사에서 무당이 사회 개혁을 부르짖고 새로운 사상을 내세운 예는 발견되지 않는다. 지금도 무교에서 원효나 혜숙 등이 보여준 사상성 · 민중성 · 사회성 같은 것을 생생하게 기대하기는 힘들다. 무교는 개인적 종교성의 차원에 머물러 있고 지나치게 주술에 의존하여 세계의 큰 종교 전통들에서 보여주는 것 같은 고양

된 경지로 올라가는 경우를 발견하기는 힘들다. 무교 안에는 신기가 흘러넘칠 정도지만, 그 신기가 다양한 방향으로 흩어져 상대의 장점을 인정하고 자신의 부족한 점을 반성하며 서로를 존중하면서 소통하려는 차원은 아니었다는 말이다. 그보다는 하나의 방향으로 쏠리는 경향을 보이고 때로는 걷잡을 수 없을 정도로 흘러오기도 했다.

이에 비해 민간 도교에서 전승해 온 풍류 정신은 상황이 다소 다르다. 유감스럽게도 민간 도교계의 인사들 혹은 도사들은 워낙 기록이 없어 그 확실한 실체를 알지 못하지만, 간접적인 경로를 통해 추측은 가능하다. 특히 한말의 신종교 자료들을 통해 민간에 도교식이든 어떤 식으로든 불교와는 다른 수행을 하는 사람들이 있었다는 사실을 알 수 있다. 한국적 정신과 관련하여 한말 신종교를 잘 살펴보아야 하는 이유도 여기에 있다.

먼저 조선 시대 이래 한국적 신명이 어떻게 전개되어 왔는지 그 특징적 모습을 알아보도록 하자. 한국적 신명의 특징 중에 하나는 무언가에 쏠리는 현상인데, 이 글에서는 조선에서 한국인이 유교에 몰입하게 되고 유교 역시 어떻게 하나의 방향으로 쏠리는지 먼저 서술하고자 한다. 다음으로는 근대의 문턱에서 그것이 유교와 천주교·동학의 충돌로 어떻게 나타나는지, 한말 개신교의 성장에서 신명의 쏠림은 어떻게 작용하는지를 정리할 것이다. 마지막으로는 현대 한국인에게서 이러한 신명의 쏠림은 어떤 모습으로 변형되는지도 밝히고자 한다.

신명의 유교화

　　신명의 쏠림은 그 자체로는 좋거나 나쁘다고 할 수는 없다. 하지만 그것이 어떤 절대적 신념 혹은 종교적 신앙과 결합되면 그 쏠림은 자신만이 절대적으로 옳고 타자는 모두 그르다는 독단에 빠지기 쉬우며 감정적 대립과 충돌을 낳고 심하면 유혈 투쟁까지 불사한다. 한민족은 언제부터인가 그런 신명의 과도한 쏠림 현상을 경험하기 시작했으며 그 경험은 오늘날까지도 변형된 다양한 형태로 반복되고 있다.

　신명의 과도한 쏠림 현상을 좀 더 구체적으로 말한다면, 조선 후기에 본격적으로 시작되었다고 할 수 있다. 하지만 그 배타적 신념의 '씨앗'은 실은 중국의 신유학에 의해 마련되었다고 할 수 있다. 위진 남북조에서 수당 시대에 걸쳐 중국 사회는 외래 사상이었던 불교에 압도당하고 많은 이들이 불교에 심취한다. 그러다가 이민족의 침입으로 국력이 약화되자, 송나라 지식인들 사이에 정신문화만큼은 중국 고유의 것을 지켜야 한다는 의식이 형성되었다. 이에 강렬한 배불 의식이 저변에 깔린 불교에 대한 이론적 비판이 진행되고 그것에 맞설 수 있는 수준의 사변성과 체계성을 갖춘 도덕적 형이상학, 즉 신유학의 체계가 구축되기에 이른다.

　그것이 한국적 신명의 땅에 뿌려졌다. 중국 중심적 배불 의식 속에서 형성된 송대 성리학은 혼란이 극에 달한 사회를 일신하려는 지향을 가진 고려 말기 지식인들에게 딱 맞는 것이었다. 승려들이 거대한 사원을 소유하고 많은 노비들을 부릴 정도로 특권 계급화되었던 고려의 불교로는 더 이상 나라를 이끌어 갈 수 없다고 여긴 신흥 사대부들은 강한 배불 의식을 가진 주자학이 자신들의 수요에 딱 맞는 훌륭한 이념임을 알아차렸다. 바로 이들이 조선을 건국함으로써 주자학은 그대로 500여 년간 국가를 통치하는 이념이 된다.

신명을 품은 한민족이 주자학이라는 절대적 신념 체계를 받아들이자 이제 그 배타성은 처음부터 중국 본토에서보다 더 심해진다. 주자학만이 진리이고 나머지는 모두 배격해야 할 대상이라는 의식은 오래 전에 유입되어 상하를 막론하고 광범위하게 신앙되던 불교, 귀족을 중심으로 신앙되던 도교, 심지어 신명의 뿌리인 한민족 고유의 무교마저도 모두 억압하고 배척하는 행위로 나타난다. 승려와 무당은 공히 천민으로 신분이 격하되고 도성 출입이 금지되며, 무업도 공식적으로는 금지되어 무당들은 숨어 다니며 굿을 하는 처지에 놓인다.

원래 민중적 기반이 허약했던 도교도 도교 사원인 소격서 철폐 같은 정책의 결과로 급격히 쇠퇴한다. 논의의 집중을 위해 여기서는 조선 사대부들의 무교 배격만 간략히 살펴보자. 조선 사대부들의 무교 배격 요구는 주로 다음 네 가지 형태로 나타났다.

첫째는 무당에 대한 처벌, 둘째는 무업 금지, 셋째는 무당 축출, 넷째는 무당의 고객 즉 단골에 대한 처벌이었다. 『조선왕조실록』 태종조부터 중종조에는 이를 요구하는 각종 상소가 상세히 기록되어 있다. 그런데 한 가지 흥미로운 점은 무교를 지탄하는 상소의 목소리에 비해 실제 금지와 처벌 조치는 상당히 미미했다는 것이다. 예컨대 무당의 도성 출입 금지 조치가 법령 제정을 통해 취해졌지만 실제로 무당은 그 후에도 수시로 몰래 도성을 드나들었다. 또 굿을 하는 단골을 처벌한다는 법령을 제정하고 적발되면 무당·단골뿐만 아니라 이를 묵인한 관리도 함께 처벌한다는 일종의 연좌제까지 도입했지만, 실제로 이를 적용한 사례는 보이지 않는다. 이를 통해 알 수 있는 것은 조선 전기까지만 해도 유교의 다른 신앙에 대한 배척은 후기의 그것에 비해 상대적으로 온건한 편이었다는 점이다.

하지만 무교를 배격하자는 사대부들의 공론으로 인해 무교가 무시당하고 무당이 사회적으로 천대를 당하는 분위기가 팽배해진 것은 부인할 수 없는 사실이다. 이를 우리 논의 주제와 연결시켜 보면 그것은 신명이 주자학의 배타적 신념과 결합하여 한쪽으로 쏠림으로써 신명의 뿌리인 무교를 제거하려 한 매우 아이러니한 현상이었다고 평가할 수 있다.

조선 전기의 다른 신앙 배격이 상대적으로 온건했던 것은 조선왕조가 지닌 힘의 반영이었다. 그때의 사대부들은 자신들이 믿는 신념에 대한 확신으로 가득 차 있었다. 무엇보다 이 시기 사대부들은 대내외적 안정을 기초로 고려 후기와는 선명하게 차별화되는 유교문화를 나름대로 이 땅에 실현해 가고 있었기 때문이다. 자신감이 있을 때에는 마치 중국의 당(唐) 제국이 그랬던 것처럼 자신과 다른 타자에게 어느 정도 관용적인 태도를 보이게 마련이다.

반대로 대내외적으로 사회가 불안정해져 자신의 생존 자체가 문제가 되면 방어 본능이 작동한다. 양난을 겪으면서 조선 사대부들은 높은 위기의식 속에서 자기방어를 시도했는데, 그때 대부분의 사대부들은 자신의 문제점을 깊이 반성하여 다양한 방향에서 활로를 모색하고 다른 관점을 지닌 사람들과 대화하고 소통하기보다는 자신의 신념을 더욱 절대화하고 자신과 다른 모든 것을 단호히 척결하려는 행태를 보인다. 신기가 다양한 방향으로 흩어져 발휘되고 원활하게 상호작용하지 못하여 한 방향으로 쏠린 것이다. 양란 이후 예학의 발전이 예송의 정치투쟁으로 비화된 것, 주자의 해석을 의심하였다 하여 윤휴·박세당이 사문난적으로 몰린 것, 정제두가 연구한 양명학이 겨우 가학의 형태로만 계승된 것 등이 그 전형적인 사례이다.

또 대외적으로도 사대주의가 오늘날의 시각에서 보면 상당히 지나치다 싶을 정도로 강화된다. 명이 청으로 교체된 것은 야만이 문명을 패퇴시킨 것이라 생각하고 조선을 침략한 오랑캐 청을 쳐야 한다는 북벌의 주장이 대두되었다. 이미 멸망한 명나라 황제를 위한 사당을 건립해 전쟁 때 조선을 도와준 의리를 저버리지 말 것을 다짐하기도 했다. 또 명이 사라진 천하에 중화 문명을 계승한 나라는 오직 조선뿐이라는 소중화주의가 나타났다. 근대 이후의 민족의식으로 이때의 사대주의를 재단할 수 없고 소중화주의가 오히려 민족적 주체 의식을 불러일으켜 진경 문화를 낳았다는 사실을 인정한다 하더라도 당시의 국제 질서를 이러한 이분법에 입각해 파악하는 시각은 심각한 편견이라는 비판을 면키 어렵다.

물론 모든 조선의 사대부가 그랬던 것은 아니다. 18세기 중엽에 싹트기 시작한 실학의 흐름은 유교 조선의 문제점을 '주자학 비판, 조선의 역사 · 지리 · 문화 · 군사 · 언어 · 풍속의 고증학적 연구, 조선의 정치 · 경제 · 군사 · 민생 문제에 관한 개혁안' 제시 등을 통해 극복하려 했으며, 이로부터 성호학파와 북학파라는 두 갈래가 형성된다. 그리고 성호학파 일부 학자들 사이에서 천주교 학습과 신앙이 나타난다.

서학과의 갈등과 수용

천주교가 한국에서 시작된 방식에는 한 가지 특이한 점이 발견된다. 바로 최초에 천주교 신앙이 외국 선교사들의 전도를 통해 한반도로 이식되지 않고 남인 소장파에 속하는 이벽 · 정약용 형제 · 권철신 일가 등에 의해 주체적으로 받아들여지고 신앙되었다는 점이다. 이들은 이벽을 중심으로 주자학을 비판하고 원시 유학으로 돌아갈 것을 주장하는 실학파의 일반적인 모습을 보이면서도 『시경』이나 『상서』에 나오는 상제를 '상주(上主)'라 하여 가톨릭의 천주 관념과 융합함으로써 천주학 중 일부 내용을 받아들였다. 그리고 1784년경에는 로마가톨릭교회의 승인을 거치지 않은 독자적 신앙 공동체를 형성, 운영하기도 했다. 이는 "외부 문화를 받아들이되 자기 고유의 방식으로 취사선택하고 자기 방식으로 해석하여 재구조화하는 과정을 거쳐서 거기에 주체적으로 고유한 의미를 부여하여 자기 것으로 만들어 버린 경우이다".

그러나 주자학이라는 절대화된 신념을 비판하고 이질적인 외래 신앙을 수용하려는 이러한 움직임은 조선에서는 극히 위험한 것이었다. 모친의 신주를 불사르고 천주교식 상례를 치른 윤지충을 사형에 처하는 1791년의 진산사건을 시작으로 조선에서는 피비린내가 진동하는 천주교 탄압이 약 한 세기에 걸쳐 자행된다. 집권 서인 노론 세력은 남인 세력을 정치적으로 제거하기 위한 구실로 여러 차례 천주학을 무군무부(無君無父)의 종교로 몰아, 오가작통법 같은 수법을 동원해 천주교인을 대대적으로 색출하여 처형했다. 이에 궁지에 몰린 천주교 역시 최초의 융합적인 모습을 상실하고 서구의 이질적 종교라는 이미지로 각인된 채 지하로 숨어든다.

이렇게 이 시대에 천주교란 불온한 사상의 대표자였다. 심지어 1860년대에는 당시 실권자였던 흥선대원군조차 그런 사상 검증의 덫에서 벗어나기 위해 스스로의 결백을 증명해야 했다. 자신이 불온한 인물로 지목되는 상황에서 벗어나기 위해 그는 무수히 많은 천주교인들을 잡아들이기 시작한다. 그리하여 일어난 것이 무려 8천여 명의 무고한 백성들을 수년간 학살한 병인박해이다.

1880년대에 접어들어 조불수호조약이 체결되면서 천주교는 비로소 그 사유로운 신앙과 선교가 묵인된다. 그러나 천주교를 백안시하는 사회적 분위기는 여전했고, 이에 오랫동안 탄압을 당하다 자유를 얻은 천주교인들 중 일부는 일반 백성들을 상대로 그동안 맺혔던 한풀이를 한다. 제주도 천주교인들이 조정에서 내려온 봉세관과 결탁하여 농민을 수탈하는 데 앞장서고 폭력을 자행한 것이다. 이에 농민들의 분노가 폭발하고 그래서 1901년에는 이재수의 난(천주교 용어로는 신축교난)이 일어나 천주교인 700여 명이 죽임을 당한다. 한 세기에 걸친 신념·신앙의 극단적 대립이 어떤 비극적인 결말을 낳는지를 상징적으로 보여주는 사건이었다. 권력 유지의 탐욕스러운 욕망과 이를 위협하는 요소에 대한 위기감과, 권력과 체제 유지의 사상적 기반이 되는 주자학적 신념의 절대화는 신명의 쏠림을 극단으로 치닫게 했고, 이는 억눌리는 쪽 사람들도 그 반작용으로 다른 한쪽으로 쏠리게 만들었다. 그리고 이러한 분위기 속에서 사상 검증의 칼날은 천주교와 같은 외래 신앙뿐만 아니라 조선에서 자생적으로 탄생하고 성장한 신앙, 즉 동학을 향해서도 겨누어진다. 이에 대해서는 개신교의 수용과 전개 과정을 살펴본 뒤 다시 정리해 보자.

개신교의 한국적 전개

19세기에 외부에서 유입된, 혹은 자생적으로 생겨난 신

●── 전동성당

윤지충이 사형당한 전주 남문 근처에 세워졌다.(전주시 전동 소재, 출처: 전동성당 홈페이지)

앙 가운데 천주교와는 달리 비교적 큰 충돌이 없었던 대표적인 것은 개신교이다. 개신교가 비교적 평화롭게 한반도에 둥지를 틀 수 있었던 요인은 복합적이다. 우선 그것의 본격적인 유입이 서구 열강과의 조약 체결로 신앙의 자유가 어느 정도 암묵적으로 보장되던 시기에 이루어졌다는 점을 들 수 있다. 또한 초기 개신교 선교사들이 천주교 박해의 경험을 교훈 삼아 직접적 선교보다는 교육 선교와 의료 선교라는 우회로를 택했다는 점도 중요한 요인으로 작용했다.

그 밖에도 제국주의적 침략의 야욕으로 한반도를 식민지화한 세력이 기독교 문명권에 속한 나라가 아니었다는 점도 기독교가 한민족에게 호감을 갖게 한 요소였다. 한말에 기독교는 서구 근대 문물을 전파하는 주요 통로 가운데 하나였을 뿐만 아니라 조선 민중에게 민주정치의식을 일깨우고 근대적 교육 진흥에도 힘쓰는 등 적지 않은 문화적 공헌을 했다. 또 망국 직전에서 일제강점기 대부분의 기간에 이르는 수십 년간 교회는 한국인들이 일제의 수탈과 폭압에서 잠시나마 피해 쉴 수 있는 피난처였다. 서양 선교사들의 입장과는 상관없이 많은 조선 기독교인들에게 그곳은 절망 속에서 독립의 꿈을 키울 수 있는 은밀한 장소이기도 했다. 그러나 이러한 여러 요인들은 종교의 본령인 신앙의 측면에 비하면 다 부차적인 것일 수 있다. 위의 요인들은 조선에서 기독교가 별다른 충돌을 일으키지 않고 평화롭게 상륙할 수 있었던 점, 나아가 조선인들에게 이런저런 호감을 갖게 한 점은 설명할 수 있지만, 그것이 폭발적으로 성장한 원인을 설명하지는 못한다. 한국에서 기독교의 폭발적인 성장은 1970-1980년대에 기독교식 강령 체험, 즉 부흥회를 통해 이루어졌다.

그런데 이러한 부흥회를 통한 기독교의 1차적 성장은 이미 1900년대 초반에 이루어졌다는 게 흥미롭다. 한국에서 부흥 운동은 1903년 원산에서 시작되었다. 당시 외국 선교사들은 한국 기독교인들에게 죄의 고백과 성령의 임재가 일어나기를 고대했다. 하지만 많은 사람들의 입교 동기가 단지 생존이 위협받는 시대에 신변의 안전을 보장받으려는 데 있다는 것에 실망하고 있었다. 그러다 원산에서 사역하던 선교사 하디가 먼저 교인들 앞에서 자신의 교만함과 믿음의 부족을 고백하자 비로소 한국인 교인들 사이에서도 자신의 죄를 고백하는 이들이 하나둘 나타나기 시작한다. 그리고 이것이 도화선이 되어서 1904년 각지로 확산되기 시작하며, 1907년 평양 대부흥 운동으로 이어진다.

엄격히 말하면 한민족에게는 본래 원죄 의식 같은 것은 존재하지 않았다. 그러던 이들이 어느 날 갑자기 자신의 죄를 회개할 수 있었던 내적 동력은 어디에 있었을까? 1907년 평양 장대현교회의 부흥회 장면을 들여다보자. 길선주 장로가 죽음을 앞둔 친구의 부탁을 받고 유산을 정리해 주다가 몰래 돈을 가로챘다는 죄를 고백한다. 곧이어 여기저기서 기도하는 소리가 들린다. 그러자 선교사는 통성기도를 제안하고 500~600여 명의 사람들이 기도를 시작한다. 한 사람씩 차례로 일어나 자기 죄를 고백하고 주저앉아 울더니, 결국 모두가 통곡으로 이어졌다. 그런 식으로 집회가 새벽까지 계속되면서, 죄를 신이 용서해 준다는 의식을 갖게 되었다. 이것은 반복적으로 노래를 부르고 기도를 하다 영이 내려와 자신의 가슴 한구석에 켜켜이 쌓인 한을 눈물과 고통의 몸짓과 말로 토해 냄으로써 용서와 화해에 이르고 새로운 삶으로 재생한다는 전통적 해원(解冤) 의식과 통하는 것이었다.

또 이 해원의 정신과 함께 자신의 양심에 비추어 한 점 부끄러움 없이 살아가야 한다는 유교의 높은 도덕의식 또한 죄의 자복을 낯선 것으로만 보지 않게 할 수 있었다. 무교의 강령 체험과 해원의 정신, 그리고 유교의 높은 도덕의식이 결합된 한국인들이 위와 같은 행위를 한다는 것은 어찌 보면 무척 자연스러운 것이었다. 기독교적 제의라는 형식과 기독교 교리라는 내용으로 이루어진 것이기 때문에 전래의 그것과는 다르다 하더라도 말이다.

부흥회에서 보이는 한국 교인들의 모습을 보고 이렇게 뜨거운 열기는 다른 선교 지역, 심지어 자신의 본국에서도 보지 못했다고 놀라움을 표하는 당시 외국인 선교사들의 술회는 이 점을 간접적으로 증명한다. 평양 장대현교회에서 촉발된 부흥 운동은 그 후 요원의 불길처럼 전국으로 확산되어 1907년 한 해에만 개신교 신자 수가 3배 이상 급증하는 것으로 나타났다. 이에 고무된 선교사들에 의해 1909년에는 백만인 구령 운동이 전개될 정도로 부흥 운동은 한국에서 개신교가 토착화되고 이후에도 크게 성장하는 주된 동력이 된다.

이즈음 이용도 목사(1901-1933)처럼 기독교적 영성을 가장 열정적이

● **평양 장대현교회의 부흥회**

1907년 열린 평양 장대현교회의 부흥회에 500-600여 명이 참석하였다.

고 토착적으로 체화했다는 신비적 영성가도 등장한다. 한국적 영성 연구에 매진했던 유동식은 "'가장 한국적이다.', '풍류도인이다.' 할 수 있는 이는 함석헌 선생님과 이용도 목사님"이라고 단언한다. 가톨릭 수도자이자 종교학자인 김승혜는 이렇게 말한다.

> '그리스도 신앙을 자기 문화 안에서 어떻게 소화시켰는가'라는 관점에 서 이용도 목사는 제가 본 한국인 중에 가장 뛰어난 사람입니다 … 전통 신앙들이 너무 자연스럽게 이분 영성 안에 녹아져 있습니다. 도가 적인 자연에 대한 사랑, 유가적인 학문에 대한 사랑, 하늘에 대한 신뢰, 하물며 좋은 의미에서의 무속적인, 몰아적인 신앙에 몰입되어서 자기를 없애고 신이 자기 안에 사시도록 조력했습니다. 전통 사상을 너무도 자연스럽게 가지고 있으면서 그리스도교를 완전히 소화해 내고 있습니다.

도가, 유가, 무속 등을 완전히 녹여내는 자세에서 좋은 한국인의 모습을 본다는 말이다. '풍류도인', '좋은 의미에서의 무속적인 신앙'이 야말로 지금까지 논의한 한국적 정서의 핵심을 나타내는 말이라는 뜻이다. 이용도 정서와 사상의 핵심을 '뜨거움'으로 정리할 수 있는 데, 이것 역시 무교적 혹은 신명이 넘치는 열정과 상통한다고 할 수 있다.

08.

자생 종교와
풍류도의 다변화

상층과 기층의 만남

앞에서 무교에 뿌리를 둔 신명이 조선 유교의 절대화, 조선 유교와 천주교의 충돌 및 개신교 성장 동력 등의 사례에서 각각 어떻게 변형되어 나타나는지 살펴보았다. 물론 오늘날도 신명의 열정이 특정한 곳으로 쏠리는 현상은 여전하고, 특정 종교가 지나친 배타성을 띠어 사회적 물의를 일으키기도 한다.

그러면서도 오늘날 한국 사회는 여러 종교가 평화롭게 공존하는 모습도 보이고, 많은 한국인들은 자기도 모르는 사이에 중층적인 신앙 구조를 갖고 있기도 하다. 유교에 지나치게 쏠리고, 서구 문명에 쏠리기도 하지만, '포함삼교'의 정신에서 볼 수 있듯이, 결국 수용하고 조화시켜 내는 '포함(包含)'의 자세가 한국적 정신의 핵심이다. 편파적 쏠림을 극복하고 조화의 신명을 회복하고 유지하는 일이 한국인의 지속적인 과제이기도 하다는 뜻이다.

이것은 실현해 본 적 없는 숙제이기만 한 것이 아니다. 한국은 상층의 이성적 사상과 기층의 민중적 신명의 만남을 이미 경험한 바 있다.

특히 19세기 들어서 전체 역사에서 치음으로 상층과 기층이 진체직으로 만나는 일이 벌어진 것이 그것이다. 한말 등장한 예술과 신종교의 세계관이 그것이다. 이전에도 두 층이 만나는 일이 없었던 것은 아니었지만, 그 경우에는 극소수의 상층(예를 들어 원효)이 기층으로 내려온 정도에 그쳤다. 그래서 그 사회적 효과도 지속적으로 남지 않았다. 그러나 한말은 달랐다. 기층도 치고 올라가고 상층도 밑으로 내려와 두 문화가 본격적으로 만나는 일이 벌어진 것이다. 이 사정을 가장 잘 보여주는 것은 판소리이다. 판소리는 최하층에서 생긴 예술이었지만 점차 양반들의 인기를 끌면서 상층으로 올라가 종국에는 임금의 총애까지 받는다. 기층의 문화가 이렇게 전 계층을 막론하고 인기를 끈 예는 이전에는 없었다. 이런 일이 가능하게 된 것은 한말에 농공상업이 발달하면서 부를 축적한 기층민들이 신분 상승을 한 데에서 비롯되었다고 할 수 있다.

풍류 정신의 재현, 최제우

이와 비슷한 일이 한말의 종교계에서도 일어난다. 기층과 상층이 섞이기 시작한 것이다. 그 선두 주자는 말할 것도 없이 동학을 창시한 수운 최제우이다. 수운은 서울에 가서 과거를 본 적이 없는 지방 양반인 잔반(殘班)의 후손이고 재가녀의 자식이다. 아버지에게서는 철저한 양반 교육, 유교적 교육을 받았지만, 수운은 일반적인 선비와는 전혀 다른 체험을 하고 다른 것을 가르쳤다. 무엇보다 그를 종교의 창시자로 자리매김하게 된 한울님 체험부터가 남달랐다. 이른바 강령 체험인데, 수운은 강한 떨림을 체험하고 세상사람들이 상제라고 부르는 '한울님'과 조우했다.

수운이 49일을 기한으로 수도를 하던 중에 몸이 떨리더니 상제가 그에게 나타났다. 그리고 상제는 그에게 사람들을 가르치고 질병을 고쳐 주라고 명을 한다. 이때 그는 상제에게 주문(呪文)을 받는데 이것이 천도교에서 가장 중요한 시천주(侍天主) 주문이다.

여기서 중요한 것은 수운이 전신이 떨리는 체험을 했다는 사실이다. 이 떨림과 강령 체험은 수운 체험의 핵심이다. 그런데 이 두 가지 요소는 무교에서 흔하게 발견된다는 사실도 중요하다.

앞에서도 보았지만, 무당들이 신령을 받을 때 항상 떨리는 현상이 있다. 그러면서 무당은 큰 기쁨을 느낀다. 신령과 하나가 되기 때문이다. 그 기쁨에 무당은 춤을 추고 노래를 하는 것이다. 우리는 이 떨림 현상과 신령과의 만남, 그리고 가무의 기원을 이미 살펴본 바 있다. 그것은 말할 것도 없이 전형적인 풍류 정신의 발현이다. 신라 때 화랑들도 산천에서 신령들을 만났고 즐거우면 노래를 짓고 춤을 추곤 했다.

그런데 수운의 체험과 무당의 체험 간에는 다른 점도 있다. 무당의 경우에는 신령이 직접 무당의 몸으로 들어와 무당의 입을 통해 말씀을 전하지만, 수운은 상제가 그의 몸 안으로 들어오지 않고 상제와 대면해 대등하게 대화를 했다는 사실이다. 세계 종교들을 보면 그 종교의 교주들이 이런 체험을 할 때 대체로 수운과 비슷한 형식으로 하는 경우가 많다. 유신론 종교인 기독교나 이슬람을 보면 교주들이 신과 대등한 위치에서 대화를 하고 그들의 안내를 받는다. 무당처럼 신령을 몸에 싣지는 않는다. 그런 의미에서 수운은 풍류 정신을 근대적인 의미의 종교적 방식으로 승화시킨 사례라고 할 수 있다.

수운의 가르침 중 풍류도의 정신에 가장 가까운 것은 그가 가르친 검무와 검결(劍訣)에서 찾아볼 수 있다. 쉽게 말해 칼춤과 칼 노래이다. 그는 제자들에게 칼을 쥐고 노래를 부르면서 춤을 가르친 것으로 알려져 있는데 안타깝게도 그 춤의 원형은 전해지지 않는다. 그러나 춤은 무형적인 것이라 남아 있지 않지만, 노래는 문자로 되어 있어 어느 정도 남아 있다. 요약하면 '사내대장부로서 이 우주에서 멋진 춤을 추자'는 내용이다. 이때 마지막에 나오는 대목, 즉 "좋을시고 좋을시고 이내 신명 좋을시고"라는 대목이 우리 주의를 끈다.

아마 수운은 칼춤을 통해 제자들로 하여금 망아경 속으로 들어가게 유도했을 것이다. 칼춤이 엑스터시 상태로 들어가 강령하기 위한 수단이었다는 뜻이다. 무당이 노래를 부르다 흥이 나면 껑충껑충 뛰면서 도약무를 하고, 한동안 춤을 추다가 어깨가 파르르 떨리면서 신령을 몸에 싣듯이, 수운도 이와 비슷한 순서로 강령이 되었을 것이다. 추측건대는 신라의 화랑들도 이와 비슷한 체험을 했을 것이다.

● 수운 최제우 동상

천도교 제1대 교조 수운 최제우가 깨달아 펼친 동학의 사상은 한국적 정신을 잘
보여준다.(경북 경주시 소재)

김범부기 '수운이 한울의 참모습을 증언하고 강령을 새로 천명한 것은 천 년 만에 신도(교)가 재생한 것'이라고 주장하면서, 신라 대까지는 이어지던 풍류 사상이 고려와 조선을 지나 천 년 만에 비로소 재활했다고 보았듯이, 수운의 체험은 풍류적 성향이 강하다.

특히 풍류의 핵심이 '여러 가르침들[三敎]을 화학적으로 녹여내는[包含] 정신'에 있다면, 수운의 행적 역시 대단히 '포함삼교'적이다. 가령 수운에게서는 도교적 흔적도 강하게 보인다. 수운의 제자들은 주문이 적힌 종이를 불에 태워 그 재를 물에 넣어 마셨다. 그러면 병도 낫고 문제도 풀린다고 믿은 것이다. 이런 방법은 민간 도교에서 가장 많이 추천하는 수련법이다. 이것 역시 조선의 어떤 선비도 행하지 않은 수련법인 것은 분명하다. 이것은 아마도 수운의 구촌(九寸) 아저씨뻘 되는 최림에게서 배운 것이 아닐까 추측된다. 수운은 유자이면서 도술에도 관심이 많았던 최림에게서 민간에 면면히 내려오는 수련 전통이나 풍류도를 배우면서 도교적 흔적을 체화하는 계기를 마련했을 것이다.

겨레얼의 양극화

수운은 풍류라는 전통적 정신을 계승 내지 재현시킨 인물이었다. 그는 전통 유교와 마찬가지로 서학에도 비판적이되, 자신의 깨달음과 부합되는 요소들은 적절히 수용함으로써, 유·불·선뿐만 아니라 무교와 서교(西敎)까지도 하나로 융합시키려는 거대한 기획을 했다. 천주(天主)라는 용어를 거리낌 없이 사용하고 동학의 도를 천주교의 도와 같다고 하면서도, 천주교와 '이치는 다르다(理則非也)'면서 동학의 교리가 서학과는 다르다는 점도 분명히 밝혔다. 특히 천주의 내재성을 강조했다는 점에서 초월을 강조하던 서구 중세의 천주학과는 다른 신관을 제시했다. 물론 한국 사상 전체를 염두에 두고 보면, 천주의 내재성 강조는 성리학적 사유에 뿌리를 두고 있는 것이기도 하다. 예컨대 『중용』의 "하늘이 명한 것을 성이라고 한다(天命之謂性)"는 말이 성리학에 이르러 '외재적 리(理)가 만물에 품부되어 내재된 것이 성(性)'이라는 관념으로 발전하였다. 본체가 초월적인 동시에 내재적인 성격을 띠고 있는 것이다.

수운은 성리학의 이런 사유 방식을 자신의 하늘님 관념에 적용시켜 성리학이 이 둘 중에 내재적 측면을 훨씬 강조하듯이 하늘님의 내재성을 강조한다. 그리고 이러한 성리학적 사유에 근거해 모든 사람은 자기 몸 안에 하늘님을 모시고 있는 존귀하고 평등한 존재라는 점을 고취함으로써 전통 유교의 신분적 제약에서 벗어나려 한다. 성리학을 계승하면서도 그것을 벗어나는 측면이다.

마찬가지로 천주교에 대해서도 동학의 '하늘님 모심[侍天主]' 신앙이 천주교의 그것과 다르지 않음을 천명하면서도, 그 하늘님이 모든 인간에 내재할 뿐만 아니라 자연 안에도 기화(氣化)의 형태로 존재한다고 함으로써 동학과 천주학 사이에 선을 분명히 그었다. 나아가 서양의 근대 학문, 즉 서학과 천주교 사이의 모순을 간파하며, 천주를 위한다고 하면서도 실상은 그것과는 모순된 서학으로 무장한 서양인과 그들이 세운 근대 문명에는 '생명운동을 하는 신(氣化之神)'이 없다고 단언한다.

수운은 일종의 창조적 융합을 시도했으되, 그 융합의 범위와 심도는 크고 깊었다. 하지만 그 크기와 깊이만큼 동학은 조선의 유교로부터 끊임없는 탄압을 당했다. 수운이 '서학의 괴수'라는 죄명으로 초기 동학 지도자들과 함께 죽임을 당했고, 2대 교조 해월 최시형 역시 반외세와 반봉건의 기치를 치켜든 수많은 농민들의 죽음에 이어 결국 형장의 이슬로 사라졌다.

물론 이 글에서는 죽은 이는 옳고 죽인 이는 틀렸다는 이분법적 가치론을 제시하려는 것은 아니다. 겨레얼 연구에서 더 중요한 것은 수운에게는 신명이 어떤 식으로 작용했고, 수운을 사형시킨 이에게는 한국적 정신이 어떤 식으로 나타났었는가 하는 사실을 모두 보아야 한다는 것이다. 가치론적 입장에서는 신명의 쏠림 형태가 중요하지만, 현상론적 입장에서는 드러난 양상에서 모두 의미를 보아야 한다. 누군가는 죽여야 하고 누군가는 죽임을 당해야 할 정도로 극단적인 상황은 그 심층에서 보면 비슷하거나 동일한 정서의 반영일 수도 있다는 것이다. 한국인에게 오랫동안 영향을 주었던 어떤 정신이 보수와 진보도 만들고, 유교와 불교로도 나타나고, 서학과 동학의 형태로

●— 우금치 동학혁명군위령탑

동학농민군은 조선조정의 관군과 신식 무기로 무장한 일본 연합군에 패망하면서 조선의
역사는 내리막길로 접어들었다. 하지만 수운 최제우의 종교성과 동학농민운동은 겨레얼의
모습을 잘 보여준다.(충남 공주시 소재)

도 나타난다고 말하는 것은 지나친 긍정론일까. 그렇지만은 않을 것이다. 겨레얼 연구는 이 모든 것을 염두에 둘 때 전체성을 획득할 수 있는 작업이기 때문이다.

자생 종교의 풍류성

이러한 풍류도 정신은 한때 동학교도였던 것으로 생각되는 강증산에게서도 보인다. 증산 사상의 한 축을 이루는 것은 무교의 해원 사상이다. '해원'이란 쌓인 원한을 푸는 것이다. 어떤 일이 잘 못되면 무당들은 사람이나 영혼들이 원한을 갖기 때문이라고 해석했다. 그래서 무당들은 굿을 해서 그 원한을 풀어 주고 그러면 일이 해결된다고 생각했다. 맺힌 것을 풀려는 자세는 무당이 전승해 온 우리의 오랜 종교적 기질인데, 이러한 화해 정신은 증산에게서도 강력하게 보인다.

증산도 마찬가지로 지구상에 지금까지 존재했던 수많은 사람들 간에, 인간과 신령계 사이에 맺혔던 원한을 푸는 작업을 필생의 과제로 삼았다. 일종의 화해의 정신인 것이다. 이를 위해 그가 행한 일이 천지공사(天地公事)라는 특유의 의례였다.

천지공사란 '천지굿'이라고 번역해도 과히 틀리지 않다. 무당이 굿을 통해 영혼들의 원한을 풀어 준 것처럼, 증산도 비슷한 행위를 했는데, 차이가 있다면 스케일이 대단히 크다는 것이다. 무당은 한 두 영혼의 한만을 풀었지만, 증산은 전 우주에 한을 품고 돌아다니는 모든 영혼들의 한을 풀어 주려고 했다. 남성 우월적 사회에서 여성이 품었던 한을 풀어 남녀동등의 시대를 열고자 했다. 자연계에 맺힌 원을 풀어 인간과 자연의 질서를 회복하고자 했다. 그 방법론으로 제자들에게 태을주라는 주문을 외우도록 했고, 이 주문을 통해 신령들과 교통하고 우주의 기운과 하나가 될 수 있다고 보았다.

증산은 우리나라의 신종교 가운데 신령과의 교통을 가장 중시한 종교이다. 우리는 여기서도 풍류 사상의 일면을 볼 수 있다. 앞에서도 보았지만, 이런 예는 『삼국사기』 김유신 전(傳)에도 등장한다. 『삼국사기』에는 김유신이 경주 근처에 있는 단석산에 들어가 수련하는 이야기가 나온다. 그는 꿈속에서 단석산의 산신령을 만나 신이한 능력이 있는 칼을 얻는다. 그는 이 칼을 가지고 신라 통일을 이룬다. 신령에게서 신비한 능력을 얻은 김유신 이야기는 신령과의 교통을 강조하는 화랑의 풍류 정신을 잘 보여준다. 수운이 칼춤을 춘 것도, 증산이 신령과 소통을 중시했던 것도, 나아가 그 후계자들이 그런 행위와 자세를 계승해 온 것도 풍류 사상의 연장선에 있는 것으로 보인다.

이와 함께 소태산은 '포함삼교'의 통합 정신을 여러 사상에 걸쳐 비교적 합리적으로 구현한 대표적인 인물이기도 하다. 앞에서 본 대로, 신라 시대의 원효는 이른바 화쟁 사상으로 상이해 보이는 교리들을 조화시키고자 했다. 원효에 따르면, 각 교파가 주장하는 교리는 그것

나름대로 다 진리이다. 그러나 이 교리들은 단지 한 면만을 강조한 것이라 온전한 진리는 아니다. 따라서 또 다른 면을 강조하는 다른 교리를 보고 틀렸다고 말하면 안 된다. 원효는 이 다른 교리들을 좀 더 전체적인 입장에서 봄으로써 모순이 통합된 온전한 그림을 제시한 것이다. 하지만 원효가 한 일은 단지 불교 내에서 생겼던 교리적 갈등을 해결한 것이지 유교나 선도와 같은 다른 종교의 교리들까지 포함시켜 새로운 사상을 주장한 것은 아니다. 그러므로 원효는 풍류 정신의 조화 이념을 불교 안에만 적용시킨 것이 된다.

이에 비해 근대에 들어 소태산은 유불선 삼교뿐만 아니라 다른 전통 사상들에 나오는 그 어떤 교리도 한 번에 배척하지 않았다. 그의 제자 정산도 마찬가지였다. 이들은 과거의 통합적 정신 내지 사상을 받아들이되 좀 더 합리적이고 좋은 방향으로 재해석했다. 특히 불교적 세계관을 중심으로 다양성을 통합해 냈다. 가령 가만히 앉아서 하는 참선 명상과 부처의 이름을 외우는 염불은 성격이 상반되는 것이라 보통 불교도들은 두 수련을 같이 하지 않는다. 그런데 소태산은 주위가 시끄러울 때는 염불을 하고 주위가 조용할 때에는 참선을 하라고 하면서 이 둘을 포용하고 있다. 뿐만 아니라 단전을 중시하는 도교의 수련법도 받아들여 제자들에게 추천했다.

유교에 대한 태도도 마찬가지이다. 불교에서는 천지라든가 부모 같은 존재를 자주 언급하지 않는다. 불교는 인간의 내면세계나 초월적인 세계에만 관심이 있기 때문에 천지 같은 자연에는 관심이 없다.

아울러 불교는 집을 떠난 출가자 위주의 종교이기 때문에 효 같은 것도 강조하지 않는다. 그러나 소태산이 설한 가르침에는 불교와 달리 가장 중요한 부분이 천지와 부모에 대한 것으로 되어 있다.

소태산에게서 비롯된 원불교의 가르침 중에 가장 중요한 것은 네 가지 은혜를 뜻하는 사은(四恩)이라고 해도 지나침이 없을 것이다. 인간은 이 네 가지의 은혜 덕에 생존할 수 있다는 것이 사은 사상의 골자이다. 이 네 가지 은혜 중 처음 두 개가 '천지은'과 '부모은'이다. 즉 천지로 표현한 자연이 인간을 보호해 주기 때문에 인간이 살 수 있고 부모가 우리를 낳고 길렀기 때문에 우리가 살고 있으니 그 은혜를 알아야 한다는 것이다. 이것은 거의 유교적인 교리라 할 수 있다. 유교에서 가장 중시하는 게 부모이고 자연 역시 부모처럼 생각하니 그렇게 생각할 수 있다.

이외에도 유교에 가까운 교리들이 많이 발견되지만 이것만 보아도 충분할 것이다. 이렇게 보면 원효의 화쟁 사상보다 더 폭을 넓혀 모든 종교의 교리를 포함시킨 통합의 정신은 소태산의 가르침에서 발견된다고 하겠다. 그런 의미에서 소태산은 풍류도의 뛰어난 계승자라고 할 수 있을 것이다.

물론 풍류도는 신라 시대의 정신에 머무는 것도 아니고, 조선 후기에 생겨난 한국의 자생 종교들에서 발현되고 멈춘 것도 아니다. 한민족의 무의식에 깊이 뿌리 박혀 있는 풍류 정신이 현대에 들어 서양 문명에 영향을 받으며 산다고 해서 사라질 리는 없겠기 때문이다. 학문과 생활 방식의 상당 부분이 서양식으로 바뀌기는 했지만, 잘 보면 겉모습이 다르게 나타날 뿐, 풍류 정신 혹은 겨레얼은 지속되고 있다. 그 사례들을 현대 기독교와 대중문화 안에서 볼 수 있다.

기독교의 한국적 특징

한민족은 20세기 말이 되어 종교적으로 또 하나의 커다란 체험을 하게 되는데 기독교의 급팽창이 그것이다. 기독교는 앞에서도 말했지만, 현대 기독교 이해가 한 번 더 필요하다. 가톨릭은 230년 전, 개신교는 130년 전에 들어왔지만, 전 세계에 유례가 없는 기독교의 대폭발 사건은 1970~1980년대에 들어와서야 가능했다. 개신교는 이때 약 400%가 넘는 성장을 했고 가톨릭은 당시 이미 300만 명의 신자를 확보했으며, 지금은 500만 명까지 신자 수가 늘었다. 이 같은 일은 한국과는 다른 환경 속에 있었던 필리핀을 제외하면 아시아 어느 지역에서도 없던 일이다. 게다가 한국은 전통 신앙이 시퍼렇게 살아 있는 나라이다(전통 종교가 똬리를 틀고 있는 나라에서 기독교가 성공한 예는 없다). 그런 한국이라는 나라에서 기독교가 전격적으로, 그리고 대량으로 수용되었다는 사실은 기독교가 한국인들의 무의식적인 DNA를 진동시켰기 때문이 아닐까 한다. 앞에서 본 것처럼 한국인들에게는 떨림과 강령을 중시하는 풍류 정신이 무의식 저변에 깔려 있는데 이것이 기독교와 맞아떨어졌다는 것이다.

기독교에는 여러 가지 모습이 있지만 한국인들이 가장 좋아하는 기독교적인 요소는 강렬한 성령 체험인 것 같다. 한국의 기독교인들은 조용히 기도하는 것보다는 크게 노래 부르고 열렬하게 기도해 성령 받는 것을 좋아한다. 그래서 무아 상태로 들어가 방언하는 체험을 유달리 좋아하는 것 같다. 수운이 이런 체험에 눈뜨게 되는 것이 기독교와 접한 때문이라고 보는 견해가 있다는 것은 앞에서 이미 밝혔다.

우리나라에서 기독교가 급팽창할 때의 모습을 보면 엄청난 쏠림 현상이 보인다. 한국인들은 어떤 사조에 반하면 한편으로 쏠리는 현상이 유독 강한 것 같다. 특히 정제된 상층 문화가 없을 때에 이런 현상이 더 두드러진다. 한국의 1970~1980년대는 한국 문화가 바닥을 치고 올라오는 때라 상층의 문화가 거의 없었다. 이때 앞서 말한 것처럼 한국의 개신교는 세계 기독교사에 유례가 없는 엄청난 성장을 한다. 한국인들이 교회로 마구 몰려든 것이다. 한국인들이 개신교로 쏠리기 시작한 것이다.

한국 개신교가 이런 전교 모습을 보이는 것은 여러 가지 이유가 있을 것이다. 그런데 아무리 보아도 앞에서 본 것처럼 개신교의 신행 모습이 한국인과 통하는 바가 있다는 것이 가장 큰 이유가 되지 않을까 한다. 지금 한국 개신교의 큰 교회들을 보면 대부분 성령 강림을 통한 치료를 강조한다. 이럴 때 예배의 핵심은 강력한 통성기도를 통해 망아경 속에 들어가 방언하는 것이 된다. 이것은 말할 것도 없이 기독교식 강령 체험이다. 전래의 강령 체험과 만나는 대상은 다를지라도 큰 떨림을 체험해서 깊은 망아경 속으로 들어가는 겉모습은 똑같다.

이런 모습이 가장 잘 보이는 것은 개신교 부흥회이다. 한국 개신교도들이 부흥회에서 어떤 모습을 보이는지 한 번 묘사해 보자. 부흥회의 하이라이트는 찬송가를 크게 부르는 것으로 시작한다. 신자들은 몇십 분이고 계속해서 노래를 해댄다. 그것도 격정적으로 온 힘을 다해 노래를 한다. 흡사 노래방이나 관광버스 안에서 기를 쓰고 노래하는 것처럼 말이다. 이런 격정적인 노래 부르기를 통해 신자들은 서서히 집단적 망아경으로 가깝게 간다. 그 다음에는 목사의 설교가 잠깐 이어진다. 이때 목사는 달구어진 신도들이 더 흥분할 수 있게 자극적인 설교를 하는 경우가 많다. 목사 설교가 끝난 다음에 오는 순서가 부흥회의 하이라이트이다.

이는 개인들이 크게 소리를 내면서 기도하는 순서를 말한다. 이때 신도들은 눈을 감은 채로 손을 번쩍 들고 앞뒤로 계속 흔들면서 기도를 한다. 처음에는 조용하게 시작하고 몸 움직임도 그다지 크지 않다. 그러다 감정이 서서히 격해진다. 그러면 목소리가 커지고 팔의 움직임도 빨라진다. 눈물을 흘리는 것은 다반사이다. 이런 기도는 혼자 할 때보다 이렇게 여럿이 모여서 하면 그 효과가 빠르게 온다. 하이라이트의 순간이 온다. 망아경 속에 들어가면서 방언이 시작된다. 혀가 저절로 움직이면서 해독이 안 되는 이상한 소리가 나온다. 한 사람이 터지면 옆 사람도 방언이 터진다. 그래서 전체가 카오스로 빠져

든다. 부흥회는 이 방언이 터져야 한다. 이게 안 되면 그 부흥회는 하나 마나 한 것이 된다. 한국인들은 이렇게 무엇을 하든 극단으로 치달아서 한쪽으로 쏠려야 만족한다. 이렇듯 개신교의 부흥회에서는 뜨거움과 열광만 있을 뿐 차분하고 냉정한 모습은 보이지 않는다. 이것은 고유의 풍류도가 서양 종교와 만나 시너지 효과가 난 것이다. 강령체험 혹은 성령 체험을 강조하는 양자가 만나 큰 폭발을 한 것이다.

대중문화의 풍류성

한국인의 이런 신명 정신이 꼭 종교에서만 발현되는 것은 아니다. 그 같은 예는 얼마든지 더 들 수 있다. 그중 대표적인 것은 붉은 악마를 위시한 한국인들의 응원 문화이다. 한국인들은 2002년 한일 월드컵 당시 붉은 악마의 응원을 통해 한국인이 신명의 민족임을 유감없이 보여주었다. 한 번 열 받아서 끓어오르면 세계를 놀라게 하는 민족임을 보여준 것이다. 이때에도 한국인의 내면 깊숙한 곳에서 잠자고 있던 망아경적 풍류 정신이 치밀고 올라온 것이다.

이번에는 난데없이 우리 축구팀이 서양의 강팀을 물리치면서 일어난 현상이었다. 당시 우리 축구팀은 계속해서 월드컵 본선에 나가기는 했지만 본선의 경기 중 한 경기도 이겨 본 적이 없는 약한 팀이었다. 그러던 우리 팀이 이탈리아나 포르투갈 등 서양의 강팀을 이기자 한국인들이 열광했다. 그 강도가 강해지자 한국인들의 집단적 무의식에 잠자고 있던 풍류 정신이 재점화되었다. 지금도 크게 달라지지는 않았지만 한국인들은 서양인 앞에서는 항상 위축되고 열등감을 느끼고 있었다. 그랬던 나라의 축구팀이 서양 팀들을 이겨 대자 한민족이 폭발한 것이다.

당시 서양의 언론들은 우리의 이러한 상황을 이해하지 못했다. 그래서 붉은 악마의 응원을 목격한 서양 언론들의 첫 반응은 그 응원 모습이 조작이라는 것이었다. 상암동 월드컵 경기장에 우리 응원단들이 모두 빨간 옷을 입고 나와 가득 채운 것부터 의심스러웠던 모양이다. 게다가 그 응원단이 일사불란하게 같은 동작을 하며 같은 노래를 해댄 것은 자발적이라기보다는 나라에서 조작한 것 아니냐는 것이었다. 사실 서양의 언론가들에게는 그렇게 보일 수도 있었을지 모른다. 서양 언론들의 다음 반응 가운데 하나는 이 응원이 집단적 히스테리의 발현이라는 것이었다. 똑같은 옷을 입은 젊은이들이 똑같이 행동하니, 그것도 지극히 광적으로 행동하니 그게 서양인들의 눈에는 히스테리로밖에는 보이지 않았던 것이다.

그런데 이것은 서양 언론이 우리의 역사적 상황을 이해하지 못한 데서 오는 오해였다. 앞에서 말한 것처럼 한국인들은 그동안 강대국에 치여 살면서 주눅이 많이 들어 있었다. 그래서 열등감도 많이 갖고 있었다. 그렇게 수십 년을 보냈는데 어느 날 갑자기 우리 축구팀이 서양 팀들을 마구 물리치기 시작했다. 바로 이 사건이 우리 민족의 무의

● 서울 광화문 앞에서의 길거리 응원

대한민국'이라는 구호를 노래처럼 부르고 박수를 치고 손을 뻗으면서 집단적인 춤을 춘다. 이것은 군무를 하면서 서서히 집단적 망아경에 들어가는 것이다.(https://www.flickr.com/photos/koreanet/14515774594/)

식에 잠재되어 있던 풍류 정신을 일깨웠던 것이다. 그것이 폭발이 되자 이런 엄청난 일이 벌어진 것이다. 그래서 한국인들이 열 받으면 세계를 놀라게 한다고 한 것이다.

사실 이런 모습은 경기장에서보다 길거리 응원에서 더 잘 보였다. 길거리 응원에 대해 문화학자들은 이 응원을 아예 길거리 굿판이라고 부른다. 그 진행되는 모습이 굿판과 비슷했기 때문이다. 그들이 입는 옷은 무당 옷과 흡사하다. 빨간 원색이기에 더 그렇다. 그 다음에 그들이 하는 일은 노래와 춤이라 할 수 있다. '대한민국'이라는 구호를 노래처럼 부르고 박수를 치고 손을 뻗으면서 집단적인 춤을 춘다. 이것은 군무를 하면서 서서히 집단적 망아경에 들어가는 것이다. 이때 전광판은 제상(祭床) 역할을 한다. 이들은 굿을 할 때처럼 제상을 앞에 차려 놓고 노래와 춤을 추면서 카오스로 빠지는 것이다. 이것은 과거 삼한 이전 시대에 부여나 동예, 고구려 등지에서 하늘에 제사지내는 제천 행사를 할 때와 그 모습이 흡사하다. 양자의 축제에서 참가자들이 모두 집단적인 무아경 속에 빠지는 점에서 그렇다는 것이다. 이렇게 보면 한국인들은 상황만 맞으면 언제든지 신명을 불태울 준비가 되어 있는 민족 같다. 그럴 수밖에 없는 것이 풍류 정신이 여전히 무의식에서나마 살아 있기 때문이다.

이 풍류 정신은 현대 한국에서는 한국인들의 노래방 사랑으로도 표현된다. 한국인들은 마치 노래 반주 기계가 발명되기를 기다렸던 민족 같다. 이 기계는 1990년대 초에 일본에서 발명되어 수입되었는데 그 뒤 6개월 만에 전국에 이 기계가 깔렸다. 그 뒤에 보이는 한국인들의 노래방 사랑은 전 세계에 유례가 없을 지경이다. 노래방은 헤아리기 힘들 정도로 전국적으로 많이 깔려 있다. 해외에도 한국인이 많은 곳에는 반드시 노래방이 있다. 현대 한국인들의 일상적인 오락은 노래방을 중심으로 이루어지고 있다고 해도 과언이 아니다. 한국인들은 저녁 때 밥을 먹다 술이 어느 정도 들어가면 노래방으로 가는 일이 일상화되지 않았는가?

한국인들의 노래 사랑 정신을 알려면 그들이 제일 좋아하는 TV를 보면 된다. 특히 전 가족이 집에 있는 일요일의 프로그램을 보면 그 사정을 잘 알 수 있다. 일요일의 TV를 보면 아침부터 밤까지 노래하는 프로그램으로 도배되어 있는 것을 알 수 있다. 아침에 하는 '도전 1000곡'(지금은 없음) 같은 프로그램부터 시작해 점심 때 하는 '전국노래자랑', 그리고 저녁의 '열린음악회'가 그렇고 늦은 밤에 하는 '콘서트 7080' 등등 노래하는 프로그램이 얼마나 많은 줄 모른다.

한국인들이 노래와 춤을 얼마나 좋아하는지는 '관광버스춤'이나 '라디오 노래방' 등의 예에서도 알 수 있다. 관광버스에는 원래 노래방 기계를 달 수 없다. 법적으로 금지하고 있기 때문이다. 그런데 이 기계를 설치하지 않은 버스는 거의 없다. 한국인들은 그 기계 반주에 맞추어 여행 내내 비좁은 버스 복도에서 춤을 춘다. 신명의 민족이 버스 안에서조차 그 신명을 발산하고 있는 것이다. 라디오 노래방도 마찬가지 아닐까? 얼마나 신명이 많으면 방송국에서 틀어 주는 반주에 맞추이 전화기에 대고 노래할 생각을 했을까?

한국인들이 이렇게 노는 모습은 예전부터 지녀 왔던 풍류 정신이 발휘된 것이라고 보지 않을 수 없을 것 같다. 전 세계에 이렇게 노는 민족은 찾기가 쉽지 않을 것이다. 한국인들이 매일 이렇게 망아경적으로 온 힘을 다해 놀았더니 드디어 희대의 놀이꾼이 나왔다. 국제 가수 싸이가 그 주인공으로 그는 아마도 단군 이래에 한국인으로서 세계적으로 가장 많이 알려진 인물일 것이다. 지금까지 한국인 가운데 싸이처럼 전 세계에 자신의 이름을 많이 알린 사람은 없었다. 그런데 싸이가 아무 배경도 없는 데에서 나온 것이 아니다. 싸이 역시 신기가 강한 사람들인 한민족 안에서 영향을 받으며 살아온 사람이기 때문에 가능한 일이었을 것이다.

싸이 현상에서 우리가 간과해서는 안 될 것은 싸이가 가무에 능한 사람이라는 점이다. 그는 신명 많은 한국인 가운데에서도 가장 신명이 많은 사람 중에 하나일 것이다. 가무는 말할 것도 없이 풍류 정신의 한 형태이다. 풍류 정신이 실생활에서 나타날 때에 종종 노래와 춤으로 표현되기 때문이다. 따라서 풍류 정신은 노래 및 춤과 떨어질 수 없는 사이이다. 이미 여러 차례 보았지만, 풍류 정신은 많은 차원과 깊이를 갖고 있는데 특히 가무와 직결된다. 한국인들의 가무 사랑이나 싸이의 세계적인 성공은 모두 이 풍류 정신이 세속적으로 접목되어 나온 결과라고 볼 수 있을 것이다.

신명의 쏠림 현상

　　　우리는 지금까지 한국인들이 역사 초기부터 가졌을 풍류 정신이 과연 어떤 식으로 역사 속에서 발현되어 왔는가를 보았다. 자료의 부족으로 모든 시대를 다 볼 수 있는 것은 아니어서 자료가 풍부하고 우리 시대와 가까운 조선 후기부터 현대까지를 집중해서 보았다. 그 결과 풍류 사상이 시대나 외부의 영향이 달라짐에 따라 계속해서 다른 모습으로 드러나는 것을 확인할 수 있었다.

　풍류 사상의 적용과 관련하여 재미있는 사안이 하나 더 있다. 북한의 김일성을 비롯한 그 혈통들을 숭배하는 모습도 사실은 풍류 사상의 연장선상에 있다는 것이 그것이다. 북한의 김일성 우상화에서 보이는 것처럼 앞뒤 보지 않고 한쪽으로 쏠려 치닫는 모습은 신령에 씌인 사람들이 보여주는 양상과 비슷하다. 단 북한의 경우는 풍류 정신이 세계적 질서나 현대적 상황에 어울리지 않게 나타난 것이 문제라면 문제이다. 그들이 하는 아리랑 축전 역시 그 근본적인 동력은 붉은악마와 다르지 않을 것이다. 집단적인 망아경 속으로 들어가 거의 강령 직전까지 가는 것이 그렇다. 단 우리 응원단은 자유로운 분위기 속에서 생생한 삶을 분출한 것에 비해 북한 것은 전체주의적으로 양상을 띠게 된다는 것이 문제라고 하겠다.

　이외에도 풍류 정신은 한국인의 일상에서 많이 드러난다. 일부는 앞에서도 이야기한 바 있지만, 신명의 쏠림이 현대 한국인에게 가져

다준 긍정적인 면을 생각해 보자. 우선 한국인은 1960년대부터 경제적으로 잘살아 보겠다는 욕망이 전 국민적인 역량으로 결집되어 한강의 기적을 일구어 냈다. 또 앞에서도 언급했듯이 우리는 사회적으로 결정적인 순간마다 '욱' 하는 기질을 유감없이 발휘하여 정치적 민주화도 웬만큼 성취했다. 예로부터 집단적인 노래와 춤을 즐기며 무아지경에 빠져야 잘 놀았다고 의식했던 한민족은 2002년에 한일 월드컵을 계기로 전 세계에 신명나는 축제란 어떤 것인지 제대로 알려 주었고, 그 확 달아오르는 기질로 한국 축구는 세계 4강에 오르는 기적을 이루기도 했다. 쉽게 달아올랐다 쉽게 꺼지는 한국인의 '냄비근성'은 속도가 곧 경쟁력인 디지털 시대에 오히려 장점이 되어 삼성은 여전히 세계적 기업의 위치를 굳건히 하고 있고(최근 들어 위기가 감지되고 있지만), 새 것으로 재빨리 바꾸기를 좋아하는 한국 소비자들의 성향으로 인해 많은 외국 기업들은 디지털 신제품이 개발되면 한국에서 먼저 그것의 구매력을 시험하기도 한다.

하지만 이러한 쏠림으로 인한 한민족의 장점은 어떨 때에는 치명적인 약점이 되기도 한다. 강준만은 '한국인은 태어나자마자 쏠림에 맞는 사고와 행동을 하도록 키워지며 쏠림의 환경 속에서 자연스럽게 쏠림의 법칙을 터득하기 때문'에 쏠림은 '이젠 한국인의 유전자에 각인되어 있다고 해도 좋을 정도'라고까지 주장한다. 광적으로까지 보이는 교육열은 대한민국의 거의 모든 어린 학생들을 어려서부터 극한의 경쟁으로 몰아넣고 공부란 자신을 위해 하는 것이 아니라 남에게 보여주기 위해, 더 좋은 집단에 소속되기 위해 하는 것이라는 철저히 왜곡된 동기를 주입시킨다. 수많은 아이들이 명문대학 진학을 꿈꾸며 그곳을 향해 돌진하다 거기에서 도태되면 인생의 패배자라는 절망에 빠진다. 과거의 다 같이 잘살아 보자는 열망은 이제는 '나'만이라도 더 잘살아야겠다는 욕망에 사로잡히게 만들어 수많은 사람들을 목숨 걸고 정상으로 돌진하게 한다. 확 식어 버리는 냄비근성은 중요한 사회적 이슈들을 금세 잊게 만들고 지나간 역사를 성찰하지 못하게 한다.

요컨대 쏠림의 현상은 오늘날에도 한국인의 삶에서 지속되어 다양한 모습으로 표출되고 있다. 그 쏠림은 한국인의 삶을 역동적이고 재미나게 한다. 그러나 한국인의 삶을 피곤하고 지치게도 하는 양면성이 있기도 하다. 이처럼 신명의 현대적 발현 현상도 여러 각도에서 설명할 수 있다. 중요한 것은 세계를 놀라게 한 싸이 현상 같은 것이 우리가 전혀 예기치 않은 가운데 터졌듯이, 이러한 신명 현상 혹은 풍류 정신이 새롭게 다시 터져 나올 가능성이 있다는 것이다. 다만 이러한 신명의 기운이 정제된 문(文)의 문화와 만나 융합될 수 있다면 한국은 전 세계가 놀라는 새로운 문화를 만들어 낼 수 있을지도 모른다는 희망을 가져본다. 그런 의미에서 볼 때 싸이 현상은 풍류 정신이 세계로 뻗어 나아가는 시작을 알린 것에 불과할지 모른다.

09.

오늘
한국을 말한다는 것

거레얼의 토발화(土發化)

　　　　지금까지 거레얼을 이야기했다. 한국인에게 불변의 정서나 자세가 있었다는 본질주의적 입장을 지양하고, 거레얼을 유사 이래 다른 것을 수용하고 창조적으로 종합해 온 원초적 능력 차원에서 정리했다. 신화 속에 나타난 집단적 원초성을 의식하면서 '포함삼교'의 풍류 정신, 정한(情恨)의 정서, 한글 창제에 담긴 독창성과 민중성, 한글문화와 선비정신, 조선학과 민족주의, 종합적 종교성의 확립, 풍류 정서의 발현으로서의 자생 종교들, 천주교와 개신교의 수용, 2002년 한일 월드컵의 응원 문화, 한류 등에서 그 한국적 정신의 모습이나 한국적 정신이 발현한 구체적 사례들을 살펴보았다. 이것들은 외래적인 것을 수용하고 소화해 새로운 문화를 창출해 온 자세의 일환이라는 데에 공통점이 있다.

　그리고 그 자세의 핵심에는 열정이 있다. 그 열정은 이 책의 공동저자인 최준식이 '신기(神氣)'라고 표현하기도 했던 것과 통한다. 신기는 한국 종교의 근간에 이어져 온 역동적 에너지로서, 다른 말로 하면 신명(神明)이다. 최준식은 '신기는 아마도 세계에서 한국인들이 가장 많이 갖고 있는 기운일 것'이라면서, 한국인 특유의 신기가 미국은 물론 중국을 능가하게 해 줄 문화 산출의 거의 유일한 조건이라고 진단한다. 한국인에게는 신기가 넘치면서도, 대체로 그 신기를 배타적 국수주의나 수구적 민족주의 형태로 표출하지 않고, 포용과 조화의 형태로 나타냈다. 물론 신명의 열정은 이념적 쏠림 현상으로 이어져 주자학을 이념으로 하던 조선 시대에는 무교나 불교를 배척하는 형태로 나타나기도 하고, 동학운동은 물론 근대 서양 문명에도 배타적 자세를 보여주기도 했다.

그럼에도 한국 전체의 역사에 오랫동안 담겨 있는 정신은, '포함삼교'의 정신이 그렇듯이, 사상과 이념, 사람과 사물 간의 포용이라고 할 수 있다. 포용은 기존 전통과의 조화 속에서 가능한 행위이자 자세이다. 한국인에게 옛것과 새것, 남과 나의 조화가 선이고 부조화가 악이었다고 해도 과언이 아닐 정도이다. 조화를 추구하기에 외래 사상이나 문화도 포용할 수 있었던 것이다. 캐나다에서 활동하는 미국인 한국학자 돈 베이커(Don Baker)도 한국인의 선과 악의 개념을 조화와 부조화로 해석하기도 한다.

이 책에서는 그 조화를 가능하게 하는 근원적 능력을 겨레얼 차원에서 살펴보았다. 겨레얼이라는 언어를 확대시키려는 의도가 아니라, 한국인은 유사 이래 난관을 헤치고 조화 속에서 다양성을 수용하는 방식으로 새로운 문화를 창조한 심층적 생명력을 지녔다는 사실을 밝히기 위해서였다. 외래 사상을 받아들이는 과정에 충돌이 없었던 것은 아니지만, 그럼에도 현대 한국 사회에서도 다양한 종교들은 뒤섞이고 있을뿐더러, 근원적인 차원에서는 공존하고 있다. 그 이유 역시 불교든 기독교든 여러 종교들은, 앞에서의 표현을 빌리면, 모두 겨레의 얼 위에서 성립되고 그에 어울리게 형성되는 것이기 때문이다.

오늘날 다양성이 소화되는 현상을 한국이 신앙의 자유와 가치의 다원성을 인정하는 민주주의 체제하에 있기 때문이라거나, 기독교인이든 불자든 한국인은 대체로 유교적 질서를 공유하고 있기 때문에 종교적 공존이 가능하다는 구체적인 분석도 사회적 차원에서는 적절하다.

하지만 민주주의 체제를 수용해 성립시키는 정서조차도 더 근원적으로는 한국 문화의 심층, 즉 겨레얼에 담긴 원천적 질서 안에서 형성된다. 한국인이라면, 설령 본인 자신이 적극적으로 의식하지는 못하더라도, 무의식적인 차원에서는 겨레의 얼, 달리 표현하면 문화적 심층이라는 공통성, 보편성 안에서 살고 있는 것이다. 그래서 한국인의 깊은 정서 안에는 다양한 문화들이 공존하게 되는 것이다.

겨레얼을 융(C.G.Jung)의 표현대로 하면 일종의 집단 무의식이라 할 수 있고, 그런 점에서 한국인은 집단 무의식을 공유하고 있는 셈이다. 유식불교의 표현대로 하면 집단적 '아뢰야식'을 공유하고 있는 셈이라고도 할 수 있다. 그 아뢰야식에 저장된 과거의 온갖 업의 자취가 현세 이후의 삶을 결정짓는다고 하듯이, 한국인은 자기도 모르는 사이에 공유하는 얼에 영향을 받으며 산다. 사회적 의식의 층을 결정짓는 무의식적 문화 의식을 가진다고 할 수 있다. 프랑스의 문화학자 라파이유(Clotaire Rapaille)가 '문화적 무의식'이라는 말을 쓴 적이 있는데, 우리 주제와 관련하여 적절한 표현이라고 생각된다. 불자든 기독교인이든, 심지어 세속주의자든 누구든 한국인은 "문화적 무의식"이라 할 만한 보이지 않는 문법적 질서 체계로부터 자유로울 수 없다. 촘스키(Noam Chomsky)의 표현을 빌리면, "보편문법"을 자기도 모르게 공유하면서 그 문법에 어울리는 언행을 구사하고 있는 셈이고, 홉스테드(Geert Hofstede)의 문화론에서처럼 "집합적 정신 프로그램"에 따르고 있다는 말도 된다.

외형적으로는 기독교, 불교, 유교와 같이 이질적인 듯해도 이들은 사실상 공존하고 또 공존할 수밖에 없다는 뜻이기도 하다. 외형적으로는 '혼종적' 뒤섞임 속에 있지만, 그것 역시 그 뒤섞임을 가능하게 해 주는 한국적 정신 안에서 가능해지는 일이다. 그 한국적 정신을 겨레얼이라고 바꾸어 표현해 볼 수 있는 것이다.

이렇게 겨레의 얼은 다양성을 받아들이고 산출하고 영향력을 행사해 가는 동력이다. 언어 구조상 오랜 겨레의 얼과 얼핏 이질적인 것 같아 보이는 기독교적 세계관도 사실은 이 겨레얼 안에서 수용되고 자리 잡아 간다. 기독교인은 기독교가 외부에서 들어와 한국 안에 뿌리내린다(土着)는 식으로 말하곤 하지만, 실상 기독교적 세계관도 한국인의 문화적 심층, 한국적 정신, 이른바 겨레얼 위에서 그 얼에 동화되면서 성립된다. 겨레얼이 외래 사상을 받아들이는 것이다.

외래의 것을 토착(土着)시킨다는 말을 사용하기도 하지만, 그 토착시키는 주체는 사실상 그 '토'(土)라는 말과 같다. '토(土)' 안에서 진리라 할 만한 것이 '피어오른다[發]'. 그런 점에서 다소 생경한 표현이 될지 모르지만, 토착화가 아니라 '토발화'(土發化)가 더 적절하다. 새로운 문명 역시 겨레의 얼이라는 토양 안에서 피어나는 것이기 때문이다.

이렇게 겨레의 '얼'은 한국인으로 하여금 자신이 살고 있는 세계 안에서 자신이 하는 자기 삶의 이야기를 발생시켜 주는 일종의 '경전'과 같다. 종교인들이 경전을 읽고 그것을 의식과 행위의 기준으로 삼아 살아가듯이, 겨레의 얼은 그 얼의 영향력 속에 있는 이들의 삶을 보이지 않게 이끌어 가는 기준과도 같다는 말이다. 다만 무의식적으로 이루어지는 기준이라는 점에 차이가 있을 것이다. '기준'이 다소 건조한 언어라면, 한국인의 보이지 않는 '신(神)'이라고 해도 과히 틀리지 않을 것이다. 한국인은 겨레얼이라고 하는 문화적 무의식의 명령을 받으며 살아왔으며, 신명적 열정으로 다양성을 포용해 왔다고 해도 과언이 아니다. 한국인은 '얼' 혹은 '신명' 안에서 다양성을 종합하고 꽃피웠다. 오늘날 '한류'에서 그런 가능성을 엿볼 수 있듯이, 겨레의 얼은 앞으로 한국인이 세계를 향해 피워 가야 할 창조적 에너지이다.

한국적 정신은 계속될 수 있을까?

한국의 문화는 겨레얼의 산물이다. 문화는 그것이 전통적인 것이라 해도 과거형에 머물지 않는다. 현재에도 형성되어 가는 중이다. 미래에도 형성될 것이다. 그 형성의 기초에 겨레얼이 있는 것이다.

물론 겨레얼에 기반하여 형성된 한국 문화가 다 좋거나 옳기만 한 것은 아닐 것이다. 역사적 전통은 대체로 사회 및 그 구성원 각 개인의 몸에 자연적으로 배태되어 있어서, 인식하지 못하는 사이에 우리 현재적 현실과 미래의 어느 시점에 작용한다. 그렇다고 해서 과거에서 이어져 온 것을 무턱대고 모두 긍정하기만 할 수는 없을 것이다.

여기서 우리는 과거부터 이어져 내려온 것을 객관화하고 이를 비판하는 입장에 서야 할 필요성도 느끼게 된다. 그 비판을 통해서 현재의 문화 융성과 새로운 문화 창조에 이바지할 수 있다고 생각되는 것을 가려낼 수 있어야 한다. 그렇다면 어떻게 겨레얼과 민족문화를 현대적으로 계승할 것인가.

첫째, 초·중·고, 더 나아가 대학의 교육과정에서 겨레얼 및 오랜 문화적 정신과 관련된 교과목을 개설하고 교육시켜야 한다. 그리고 '교사직무연수' 제도 등을 적절히 활용해 현장의 교사들에게 한국적 정신문화의 세계를 느끼게 해 줄 프로그램을 만들 필요가 있다. 현행 교육과정의 현실상 의무적 혹은 일방적으로 교과목을 개설하여 교육하기는 행정적으로나 정책적으로 쉬운 일은 아니지만, 교사 연수 및 자질 향상을 위한 프로그램 개발 정도는 가능할 것이다. 현재 교육청에서 초·중·고 교사들을 대상으로 시행하는 교사직무연수 프로그램을 이용하여 정신문화라는 것의 현대적 의미를 다양하고 설득력 있게 교육하고 토론할 시간을 제공할 필요가 있다.

실제로 교사직무연수 프로그램은 현재 다양한 주제로 다양한 기관에서 시행 중이다. 교사는 직무연수 프로그램을 통해 자신의 재교육 기회 내지 정신적 충전의 시간으로 삼기도 한다. 다만 '겨레얼'이라는 말을 다소 수구적 민족주의 운동의 연장처럼 이해하는 사람들도 있을 수 있으니, 그럴 경우를 대비하여 '한국적 정신과 문화의 심층'이라는 제목으로 접근할 수도 있을 것이다. 그렇게 함으로써 민족주의적 교육이라는 부정적 선입견을 완화하는 데 도움이 될 수 있을 것이다.

둘째, 학교 교육에만 머물러서는 안 된다. 한국 문화의 계승과 발전은 인위적 교육만으로 끝날 수 있는 문제가 아니기 때문이다. 오늘날은 공교육에서 일방적으로 정신교육을 한다고 해서 교육적 효과를 볼 수 있는 시절이 아니다. 이제는 겨레얼과 전통문화도 눈에 보이고 느낄 수 있고, 직접 체험할 수 있어야 한다. 그것이 이 시대가 요구하고, 이 시대에 필요한 겨레얼과 민족 전통문화의 현실적 모습이다.

이를 위해서는 겨레얼과 전통문화를 현대인의 일상생활 속으로 끌어들여 새롭게 하는 작업은 물론이고, 재음미하고 재감상해 보는 축제의 장을 만들 필요가 있다. 지금 현재 우리 땅 곳곳에서는 각 지방 지치단체마다 자체적으로 각종 전통문화 축제 및 행사를 벌이고 있다. 물론 아직까지 지역 주민들이 모두 참여하는 축제의 마당이 되고 있지는 않지만, 점차 지역민 축제의 장으로 혹은 외부 지역 사람들까지도 참여하는 대형 이벤트성 전통문화 행사로 발전해 나아가고 있다. 여기에는 그 지역마다의 전통적 정신과 문화가 고스란히 배어 있다. 이것이 그저 즉흥적 이벤트로 끝나지 않고, 한국 문화의 심층을 이해할 수 있도록 자극하는 성찰의 시간으로 이어져야 한다. 그러면서 청소년과 청년층까지 포함하여 전 세대가 소통할 수 있는 전통문화 축제로 승화시켜 나가야 한다. 그렇게 함으로써 전통이 오늘날에도 지속적으로 필요한 문화적 요소라고 인식될 것이다.

셋째, 겨레얼과 전통문화를 새롭게 해석하여 새로운 지역 문화 콘텐츠 활성화 노력 및 좀 더 다양한 문화 콘텐츠 상품을 개발해야 할 것이다. 한편에서는 '글로벌' 시대라는 용어가 유행을 하지만, 다른 한편에서는 '글로컬(Glocal)' 시대를 이야기하는 경우도 많다. '글로컬'이란 '글로벌'(세계)과 '로컬'(지역으로서의 한국)의 합성어로서, 세계적 보편성과 한국적 지역성 혹은 특수성이 모두 중요하다는 의미이다. 로컬을 무시하고 글로벌만을 지향할 수도 없고, 글로벌을 무시하고 로컬만을 강조할 수도 없는 노릇이기 때문이다.

따라서 전통문화의 계승, 발전과 더불어 세계 여러 지역의 다양한 문화에도 열린 마음으로 접근해야 될 것이다. 지역 문화의 콘텐츠 활성화를 위해서는 단지 로컬의 우수한 전통문화만을 강조해서는 안

된다. 지금 한국 사회는 다문화 사회로 나아가고 있다. 우수한 전통 문화를 바탕으로 한국 이외 여타 지역의 문화적 전통에도 열린 마음으로 수용할 수 있는 노력이 필요하다. 그렇게 된다면 새로운 한국 문화가 탄생할 것이고, 그것은 우리 전통문화의 변형된 계승이며 새로운 발전 모델이다. 또 그렇다면 자연스럽게 다양한 문화 콘텐츠 상품의 개발로 연결되는 긍정적 효과도 얻게 되는 것이다.

오늘날 한류 열풍은 한국 문화가 '글로벌화'된 새로운 문화적 현상이다. 로컬로서의 우리 것(신명의 문화)과 글로벌로서의 타문화가 적절히 만나 새로운 한국 문화의 유형으로 재창조된 것이다. 한마디로 한국의 문화적 흐름에 대한 세계의 반응이라고 할 수 있겠다. 이러한 반응은 어디서 오는 것일까. 이미 본 대로, 그것은 우리 것만을 고집한 결과물이 아니다. 한류는 우리 전통문화의 우수성에다가 글로벌 문화의 장점을 융합한 문화적 결과물이다. 우리 겨레얼 속의 조화와 융합 정신, 그리고 신명나는 한국의 전통적 정신이 더해져서 얻어진 융합 문화 상품인 것이다. 한류야말로 오랫동안 다양성을 화학적으로 녹여 왔던 겨레얼, 풍류 정신, 신명 문화의 현대적 개화이다. 이것은 하루아침에 이루어진 일도 아니고, 단순히 문화 정책 담당자들의 공로만도 아니다. 수천 년 지속되어 온 한국 문화의 심층이 급격히 좁아진 지구마을에 보편적으로 어울리도록 변용되어 왔다는 증거이기도 하다. 한국의 지역 문화가 대번에 한류의 근거로 이어지는 것은 아니지만, 우리의 오랜 전통을 유지한 지역 기반 문화 콘텐츠의 확보는 한국 문화의 흐름이 국내외에서 어떤 식으로 이어져 가야 힐지를 보여 주는 시금석이 될 수 있다. 새로운 지역 문화 콘텐츠의 활성화 및 다양한 문화 콘텐츠 상품의 지속적 개발이 필요한 이유도 여기에 있다.

넷째, 이와 관련하여 디지털 환경에 익숙한 학생들에 어울리는 교육 콘텐츠 개발과 운용을 통해 겨레얼 의식을 고취시키는 작업을 해야 한다. 이를 위한 '앱'을 개발하는 등 디지털형 교육교재 개발도 병행되어야 하는 것은 물론이다. 정부나 관련 기관은 한국의 오랜 문화적 상황을 이해하고, 학생들이 스스로 한국 문화의 깊이와 관련된 영상매체를 디지털 상황에 어울리게 제작·발표할 수 있도록 하는 장, 즉 '플랫폼'을 만들어 주어야 한다. 그렇게 해야 겨레얼과 관련한 학생 혹은 국민 개개인의 자발성을 이끌어 낼 수 있기 때문이다.

물론 한국이 세계에서 디지털 시대를 선도하고 있다는 사실 자체가 그동안 '다양성(三敎)'을 '포함(包含)'하는 풍류적 통합 정신의 발휘라고도 할 수 있다. 문제는 정작 한국인 자신이 아직은 그러한 문화적 자긍심을 깊게 가지고 있지 못하다는 데 있다. 현대의 디지털 세계에까지 관통하는 한국인의 문화적 심층 의식이 사회의 표층에까지 도달할 수 있도록 보이지 않는 정책과 홍보가 병행되어야 하는 것이다.

다섯째, 품격 있는 한류의 세계화에는 다른 문화와의 깊이 있는 만남과 소통이 필수적이라는 점에서, 외국의 한국 연구자들과 번역자들에게 장기적이고 체계적인 지원이 필요하다. 가령 한국의 뛰어난 문학작품들을 세계적으로 알리려면, 해당 외국어를 모국어로 사용하면서 한국어와 한국 문화를 깊이 있게 소화하여 번역해 낼 수 있는 역량이 있는 번역자의 역할이 지대하다.

한국 문화의 애정이 남다른 원로 신학자 정양모는 스웨덴 한림원에서 노벨문학상 후보로 구상 시인이 의외이다 싶을 정도로 주목받았다고 한다. 이것은 구상의 시가 한국에 오랫동안 살면서 한국 문화에 정통한 원어민 영문학자에 의해 빼어나게 번역되어 서구권에 소개되었기에 가능한 일이었다. 역량이 있는 한국학 연구자나 번역자를 해외 현지에서 발굴하여 우리나라에서 오랫동안 살면서 우리 문화를 뼛속 깊이 체험하고 그 바탕 위에서 해외에 제대로 소개할 수 있도록 재정적 지원을 비롯한 온갖 지원을 아끼지 말아야 한다는 것이다.

역으로 해외 문화를 심층적으로 수용하기 위해서는, 국내의 해외 연구자나 번역자를 해외에 파견하여 해외 텍스트를 심층적으로 이해하고 번역할 수 있는 역량을 강화하는 것도 중요하다. 유학생들은 넘쳐 나도록 많다고 할 수도 있지만, 우리나라와 해외 각국 사이의 심층적 만남을 통하여 겨레얼의 세계화를 철저하게 이루어 내려면 더욱 장기적이고 체계적인 기획이 필요한 것이다. 비교종교학자 오강남의 입장을 원용한다면, 한류의 세계화는 우리나라와 세계가 그 문화의 '표층'이 아니라 '심층'에서 소통하고 만날 때 진정성 있게 이루어질 수 있다고 하겠다.

여섯째, 결코 쉽지 않은 상황임에도 겨레얼을 계승해 온 무교, 이른바 한국 민족종교 등에 개관적인 연구가 더욱 요청된다. 겨레얼의 계승을 위해서라도 종교는 그들만의 언어라는 현대 한국인의 일반적 선입견을 극복할 수 있도록 종교의 영역을 공론의 장으로 가져올 수 있어야 한다. 물론 종교 연구 지원이 자칫 종교 편향적 정책으로 오해되지 않도록 우회적 혹은 문화적 지원을 시도해야 한다. '겨레얼'이라는 말 자체가 국수적으로 들리지 않도록 '민족', '한국 문화', '한국적 정신'이라는 말을 사용하여 상황을 자연스럽게 극복해 나가고 있듯이, '한국 종교'라는 말이 비합리적 혹은 초자연적 실재를 신앙하는 특별한 이들의 집단이라는 선입견을 불식시킬 수 있도록 공론 형성을 위해 지원하는 일이 긴요하다.

겨레얼 내지 전통문화의 창조적 계승과 발전은 고루하고 진부한 옛것을 그대로 무비판적으로 계승하자는 데 있지 않다. 여기에는 미래 지향성이라는 적극적 의미를 내포해야만 한다. 한국 전통문화의 재창조는 새로운 한국 문화의 창조이자 변화를 동반한 창조적 계승이다. 과거와 현재, 미래라는 세 축을 쉼 없이 넘나드는 시간적 문화활동이 새로운 문화의 창조적 계승과 발전인 것이다. 이는 21세기 품격 있는 문화 선진국으로 도약해 나가기 위한 한국인의 필수적 의무이기도 하다. 물질문명은 일시적인 자본을 바탕으로 하지만, 정신문명의 계승과 발전은 일시적인 일이 아니기에 앞으로 지속적 노력이 더욱 절실한 상황이다. 물론 겨레얼, 전통문화 등의 용어에서 고리타분함 같은 것을 느끼는 이들도 없지 않지만, '한국 전통문화의 재창조'

는 우리에게 던져진 오래된 물음이고 숙명적 과제이다.

21세기 지식정보화사회의 전개, 급격한 지구화 등 국제적 차원의 급격한 변화에 적극적으로 대처할 수 있는 아이디어를 겨레얼과 전통문화 속에서 찾아보는 노력을 경주하는 것은 시대를 되돌리는 일이 아니라 도리어 시대를 앞서나가는 일이다. 그것이야말로 '다양성 [三敎]을 포함(包含)'함으로써 '사람 사는 세상[人間]이 더 사람다운 세상이 되도록 두루 도움을 주던[弘益]' 한국의 시원적 정신이 오늘에 어울리도록 구체화시켜 주는 가장 기본적인 일이기 때문이다. 겨레얼, 즉한국적 정신과 한국 문화의 심층에 대한 이해가 어느 때보다 절실한 시점이다.

李滉,『退溪全書』, 大東文化研究院, 1963.

李滉, 윤사순 역주,『퇴계선집』(개정판), 현암사, 2008.

李珥,『栗谷全書』卷15, 卷18.

宋時烈,『宋子全書』卷143.

許筠,『許筠全書』「惺所覆瓿稿」卷11.

李建昌,『明美堂集』卷10.

張基槿譯著,『退溪集』, 明文堂, 2003.

가사야 가즈히코,『무사와 양반』,『일본문화연구』제8집, 동아시아일본학회, 2003.

강돈구 외,『근대성의 형성과 종교지형의 변동 I』한국학중앙연구원 종교문화연구소, 2005.

강돈구,『한국 근대 종교와 민족주의』, 집문당, 2000.

강준만,『한국인 코드』, 인물과 사상사, 2006.

_____,『특별한 나라, 대한민국: 대한민국 9가지 소통 코드 읽기』, 인물과 사상사, 2011.

고려대 민족문화연구원 한국사상연구소 편,『역주와 해설 성학십도』, 예문서원, 2009.

고지마 쓰요시(小島毅), 신현승 역,『사대부의 시대』, 동아시아, 2004.

_____,『宋學의 形成과 展開』, 논형, 2004, 1-319면.

구태훈,『일본 무사도―무사계급의 성장과정과 그 정신세계』, 태학사, 2006.

금장태,『한국의 선비와 선비정신』, 서울대학교출판부, 2001.

_____,『聖學十圖와 퇴계철학의 구조』, 서울대학교출판부, 2005.

김광해,「일제강점기의 대중가요에 대한 계량언어학적 연구: 유성기 음반 채록본을 중심으로」,『한국어 의미학』제3호, 1998.

김범부・김정근,『풍류 정신의 사람 김범부의 생각을 찾아서』, 한울, 2013.

김영하・전세영,「성리학적 정통성의 확립―퇴계」,『한국정치사상사』, 한국・동양정치사상사학회, 백산서당, 2010, 280-309면.

김형효 외,『退溪의 사상과 그 현대적 의미』, 한국정신문화연구원, 1997, 1-416면.

나가오 다케시, 박규태 역,『일본사상 이야기 40』, 예문서원, 2002.

나카자와 신이치, 김옥희 옮김,『신화, 인류 최고의 철학』, 동아시아출판사, 2003.

남명진,『겨레얼, 씨와 열매』, 사단법인 겨레얼살리기운동본부, 2011.

内村鑑三,『代表的日本人』, 鈴木範久訳, 岩波文庫, 1995.

니토베 이나조, 양경미·권만규 역,『사무라이』, 생각의 나무, 2004.

多田顕著, 永安幸正編集,『武士道の倫理—山鹿素行の場合』, 麗澤大学出版社, 2006.

데이비드 트레이시, 윤철호·박충일 옮김,『다원성과 모호성』, 크리스천헤럴드, 2007.

島田虔次,『中国の伝統思想』, みすず書房, 2001, 1-463면.

돈 베이커, 박소정 옮김,『한국인의 영성』, 도서출판 모시는사람들, 2012.

立花均,『山鹿素行の思想』, ぺりかん社, 2007.

박명규,『국민·인민·시민』, 소화, 2009.

박승무,『선비와 사무라이』, 아침, 2003.

박찬승,『민족·민족주의』, 소화, 2010.

芳賀徹,「近代化のなかの武士知識人」,『日本學報』제3집, 한국일본학회, 1975.

배해수,『한국어 분절구조 이해』, 푸른사상사, 2005.

베네딕트 앤더슨, 윤형숙 옮김,『상상의 공동체: 민족주의의 기원과 전파에 대한 성찰』, 나남출판, 2002.

相良亨,『武士の思想』, ぺりかん社, 2004.

小島毅,『宋学の形成と展開』, 創文社, 1999.

_____,『近代日本の陽明学』, 講談社, 2006.

_____,「死を見据える—儒教と武士道, 行の哲學の系譜」,『儒教における生と死』(資料集), 2005. 4.

小澤富夫,『武士 行動の美學』, 玉川大學出版部, 1994.

新渡戸稲造,『武士道』, 飯島正久訳, 築地書館, 1998.

신영복,『강의: 나의 동양고전 독법』, 돌베개, 2004.

신용하,「민족의 사회학적 설명과 '상상의 공동체론'비판」,『한국사회학』제40집 1호, 한국사회학회, 2006.

_____,『한국민족의 형성과 민족사회학』, 지식산업사, 2000.

_____,『한국 원민족 형성과 역사적 전통』, 나남출판, 2005.

申一澈,「李退溪의 天譴·天愛의 政治思想—戊辰六條疏를 中心으로—」,『退溪學報』第68輯, 141-148면, 1990.

신현승,「日本의 近代 學術思潮와 陽明學」,『日本思想』제14호, 한국일본사상사학회, 2008년 6월.

_____,「17세기 한 조선 지식인의 일본 인식—강항의『간양록』을 중심으로」,『日本思想』, 第17號, 韓國日本思想史學會, 199-220면, 2009.

신현승,「퇴계의『성학십도』와 줍산의『성학종요』비교연구」,『退溪學論集』, 第6號, 嶺南退溪學硏究院, 33-64면, 2010.

_____,「무사도와 양명학에 관한 소고」,『日本思想』제12호, 한국일본사상사학회, 2007년 6월.

安炳周,「儒敎의 憂患意識과 退溪의 敬」,『퇴계학 연구논총』(제3권: 철학사상下), 퇴계연구소, 1997.

岩波書店,『広辞苑』(제4판), 1996.

梁漱溟,『東西文化及其哲學』, 商務印書館, 1999.

에르네스트 르낭, 신행선 옮김,『민족이란 무엇인가』, 책세상, 2002.

와카바야시 미키오, 정선태 옮김,『지도의 상상력』, 산처럼, 2006.

와타나베 히로시, 박홍규 역,『주자학과 근세일본사회』, 예문서원, 2007.

袁珂, 정석원 역,『中國의 古代神話』, 문예출판사, 1988.

王丹,『中華人民共和國史十五講』, 聯經出版社, 2012.

유동식,『풍류도와 한국의 종교사상』, 연세대학교출판부, 2007.

윤사순 · 금장태 편,『퇴계학 연구논총』(제3권: 철학사상 下), 퇴계연구소, 1997.

_____,『퇴계학 연구논총』(제9권: 西洋의 退溪硏究), 퇴계연구소, 1997.

이광래,『일본사상사연구: 습합 · 반습합 · 역습합의 일본사상』, 경인문화사, 2005.

_____,「遺傳學으로서 동아시아 유학 다시읽기」,『日本思想』제15호, 한국일본사상사학회, 2008. 12.

이상억,『한국어와 한국문화』, 소통, 2009.

李相殷,「聖學十圖解釋」,『退溪學報』제2집, 99-107면, 1974.

이용도목사탄신100주년기념논문집편집위원회,『이용도의 생애 · 신학 · 영성』, 한들출판사, 2001.

李章熙,『朝鮮時代 선비硏究』, 博英社, 2007.

李載杰,「檀君神話硏究의 現況과 問題點-歷史學的 硏究를 中心으로」,『檀君神話硏究』, 1986.

임지현,『민족주의는 반역이다』, 소나무, 2005.

이찬수,『한국 그리스도교 비평』, 이화여자대학교출판부, 2009.

_____,『일본정신』, 도서출판 모시는사람들, 2009.

임형진,『겨레얼과 민족사』, 사단법인 겨레얼살리기운동본부, 2011.

子安宣邦監修,『日本思想史辭典』, ぺりかん社, 2001.

장규식,『일제하 한국 기독교 민족주의 연구』, 혜안, 2000.

張淑必,『栗谷 李珥의 聖學硏究』, 高麗大學校 民族文化硏究所, 1-234면, 1992.

全樂熙,『東洋政治思想硏究』(增補版), 檀國大學校 出版部, 1-407면, 1995.

田原嗣郎責任編集, 『山鹿素行』, 中央公論社, 1998.

정옥자, 『우리가 정말 알아야 할 우리 선비』, 현암사, 2007.

趙南國·趙南旭 편역, 『聖學과 敬』, 養英閣, 1982.

조남욱, 『조선조 유교 정치문화』, 성균관대학교 유교문화연구소, 1-422면, 2008.

조한옥, 『문화로 보면 역사가 달라진다』, 서울: 책세상, 2008.

조현규, 『한국 전통윤리사상의 이해』, 서울: 새문사, 2010.

조흥윤, 『한국종교문화론』, 동문선, 2002.

차기벽, 『민족주의 원론』, 서울: 한길사, 1990.

차남희 외, 『한국 민족주의의 종교적 기반』, 나남, 2010.

최동호, 「한국 현대시 10대 시인 ⟨1⟩ 김소월」, ⟨한국일보⟩, 2007년 10월 17일.

최봉영, 『조선 시대 유교문화』, 사계절, 1997.

최상진·조윤동·박정열, 「대중가요 가사 분석을 통한 한국인의 정서 탐색: 해방 이후부터 1996년까지의 가요를 대상으로」, 『한국심리학회지』 20호, 2001.

최영진, 『퇴계 이황—사단칠정론, 성학십도, 무진육조소』, 살림, 1-292면, 2007.

최준식, 『한국미, 그 자유분방함의 미학』, 효형출판, 2003.

_____, 『세계가 감탄한 한국의 신기』, 소나무, 2012.

_____, 『조선의 도인들』, 소나무, 2012.

_____, 『한국의 종교, 문화로 읽는다 1』, 사계절, 1998.

클로테르 라파이유, 김상철 외 옮김, 『컬처코드』, 리더스북, 2007.

土田健次郎, 『道学の形成』, 創文社, 2002.

펑유란, 『펑유란 자서전』, 웅진지식하우스, 2011.

平凡社刊行, 『哲学事典』, 1989.

호사카 유지, 『조선 선비와 일본사무라이』, 김영사, 2008.

한국동양정치사상사학회 엮음, 『한국정치사상사』, 백산서당, 1-782면, 2010.

한국철학사상연구회, 『강좌 한국철학-사상, 역사, 논쟁의 세계로 초대』, 예문서원, 1995.

한국민족종교협의회, 『겨레얼 연구논총』 제1집, (사)한국민족종교협의회, 2005.

_____, 『겨레얼 살리기Ⅲ』, 사단법인 한국민족종교협의회, 2007.

_____, 『한국민족종교의 원류와 미래』(민족종교연구논총V), (사)한국민족종교협의회, 2011.

丸山眞男, 『現代政治の思想と行動』, 未來社, 1960.

황종원, 「최제우와 박은식의 유교개혁 방향·평등관·서구 근대문명에 대한 태도」, 『퇴계학과 유교문화』 제49호, 2011.

Geert Hofstede, 차재호 외 옮김, 『세계의 문화와 조직』, 학지사, 2006.

| 찾아보기 |